Ronny Böttger

Konzeptionelle Untersuchung der Windows Presentation F

Ronny Böttger

Konzeptionelle Untersuchung der Windows Presentation Foundation (WPF)

GRIN Verlag

Bibliografische Information der Deutschen Nationalbibliothek: Die Deutsche Bibliothek
verzeichnet diese Publikation in der Deutschen Nationalbibliografie; detaillierte bibliografische Daten sind im Internet über http://dnb.d-nb.de/ abrufbar.

1. Auflage 2008
Copyright © 2008 GRIN Verlag
http://www.grin.com/
Druck und Bindung: Books on Demand GmbH, Norderstedt Germany
ISBN 978-3-640-14380-1

Hochschule für angewandte Wissenschaften (FH), Hochschule Harz

Fachbereich: Automatisierung/Informatik

Semesterarbeit

im Studiengang Kommunikationsinformatik

Thema: Windows Presentation Foundation

Eingereicht von: Ronny Böttger

Eingereicht am: 18.03.08

Abstract

Die vorliegende Arbeit beschäftigt sich mit konzeptionellen Untersuchungen rund um die Windows Presentation Foundation (WPF) der Firma Microsoft. Die WPF ist eine Klassenbibliothek zur Gestaltung von grafischen Benutzeroberflächen. Sie ist ein Bestandteil des .NET 3.0 Frameworks.

Im Rahmen dieser Arbeit werden Technologien analysiert, die bisher zur Visualisierung von Computergrafiken und zur Gestaltung von Programmoberflächen verwendet wurden. Die Vorteile und Nachteile dieser Technologien werden mit denen der Windows Presentation Foundation verglichen.

Die Hauptproblematik dieser Arbeit ist die Untersuchung der Einsatzfähigkeit der WPF. Dabei wird erforscht, ob die WPF alle aktuellen Anforderungen an die Entwicklung grafisch anspruchsvoller Programmoberflächen erfüllt und ob es Aussagen über die Weiterentwicklung der Windows Presentation Foundation gibt. Weiterhin wird untersucht, inwiefern die WPF mit traditionellen Technologien kombiniert werden kann.

Abschließend werden Beispielprogramme vorgestellt und es wird eine Anleitung für das Verwenden der Windows Presentation Foundation gegeben.

Abstract

This paper deals with conceptual examinations around the Windows Presentation Foundation (WPF) of the company Microsoft. The WPF is a class library to the formation of graphicel user interfaces. It is a feature of the .NET 3.0 Framework.

Within the scope of this work, technologies are analyzed, that were used for the visualization of computer graphics and to the formation of program surfaces until now. The advantages and disadvantages of these technologies are compared with those of the Windows Presentation Foundation.

The main problem of this work is the examination of the operational ness of the WPF. It will explore on that occasion whether the WPF meets all current requests for the development of graphically selective program surfaces and whether there are statements about the development of the Windows Presentation Foundation. Still, it is examined to what extent the WPF can be combined with traditional technologies. Example programs are introduced in conclusion and it is given an instruction for using the Windows Presentation Foundation.

Inhaltsverzeichnis

Abbildungsverzeichnis

Tabellenverzeichnis

1 Einleitung

Eine grafische Benutzeroberfläche ist eine Softwarekomponente, die Computerbe-
nutzern die Interaktion mit der Maschine über grafische Elemente erlaubt. Diese grafischen Elemente werden mittels Zeige- und Steuerungsinstrument, wie beispielsweise einer Maus, bedient. Oftmals wird auch das Akronym *GUI* verwendet. Dieses
stammt aus dem Englischen und steht für *Graphical User Interface*, was wörtlich ü-
bersetzt "grafische Benutzerschnittstelle" bedeutet. (vgl. [1])

Die Entwicklung der GUIs vereinfachte die Bedienung von Computern und erlaubte
auch weniger erfahrenen Anwendern die Arbeit am Rechner. Deshalb war diese Er-
findung essentiell für die weltweite Verbreitung von Computern. Seit den 1970er Jah-
ren wurden die grafischen Benutzeroberflächen kontinuierlich weiterentwickelt. Dabei
wurde nicht nur die Interaktion mit den Softwareprogrammen verbessert und vereinfacht, sondern auch die Entwicklung der GUIs für die jeweilige Software.

Die Benutzeroberfläche ist ein wichtiger Bestandteil nahezu jeder Anwendung. Die
Ansprüche, die Benutzer an Benutzeroberflächen stellen, sind jedoch erheblich ge-
stiegen. Herkömmliche menügesteuerte GUIs werden natürlich weiterhin benötigt,
aber Anwendungen müssen häufig auch in der Lage sein, Videos anzuzeigen, Animationen auszuführen, zwei- und dreidimensionale Grafiken darzustellen und mit
verschiedenen Arten von Dokumenten zu arbeiten. Und all das muss unabhängig
davon möglich sein, ob über einen installierten Desktopclient oder einen Webbrowser
auf die Anwendung zugegriffen wird. (vgl. [2])

Im Laufe der Zeit entstanden umfangreiche Bibliotheken, mit deren Hilfe grafische
Bedienoberflächen gestaltet werden können. Die Firma *Microsoft* stellt nun eine
mächtige Klassenbibliothek zur Verfügung, um den Softwareherstellern die grafische
Gestaltung von Programmen zu ermöglichen. Diese Bibliothek wird als WPF be-
zeichnet und ist Teil des .NET 3.0 Frameworks. WPF ist das Akronym für *Windows
Presentation Foundation*.

In Rahmen dieser Projektarbeit sollen die Vorteile und Nachteile dieser neuen Klassenbibliothek analysiert werden.

1.1 Aufgabenstellung

Die Aufgabenstellung kommt von der Firma braasch & jäschke computertechnik in Wernigerode:

Ziel dieser Projektarbeit ist es die Möglichkeiten die die Windows Presentation Foundation bietet zu untersuchen. Dabei soll die WPF mit bereits vorhandenen Technologien zur Oberflächengestaltung verglichen und die jeweiligen Vorteile und Nachteile herausgearbeitet werden. Zudem wird untersucht inwiefern neue WPF-Elemente in die vorhandenen Programme integriert werden können. Um die Fähigkeiten der Windows Presentation Foundation zu demonstrieren und die Integrierbarkeit zu testen sollen Beispielprogramme implementiert werden.

Die Projektarbeit beinhaltet folgende Teilaufgaben:

1. Vergleich und Analyse der Vor- und Nachteile verschiedener Visualisierungsmethoden für Programmoberflächen und Grafikausgaben:

    - Win32 (Möglichkeiten in Delphi 6, Delphi 2007)

    - Windows.Forms (:NET 2.0 in C#)

    - WPF (.NET 3.0)

    - Managed DirectX

    - OpenGL

2. Es ist zu untersuchen:

    - Ob der Einsatz von WPF alle derzeitigen Anforderungen an die Oberflächengestaltung ermöglicht (Sind alle in den Anwendungen der Firma braasch & jäschke computertechnik benutzten Komponenten enthalten?)

    - Ob geeignete Werkzeuge zur quellcode-unabhängigen Gestaltung von Programmoberflächen (Microsoft Expression Blend, XAML-Editoren) existieren

    - Ob WPF-Elemente mit Windows.Forms-Elementen kombiniert werden können

    - Inwiefern WPF DirectX-Funktionalität bereitstellt (Effizienz, Geschwindigkeit)

    - Welche Hard- und Software-Voraussetzungen erfüllt werden müssen

    - Ob es eine Möglichkeit gibt, bestehende Delphi6-Projekte mit WPF zu kombinieren

    - Ob WPF mit großen Daten umgehen kann (Pixelbilder, Vektorgrafiken)

- Ob WPF das Programmumfeld unterstützt (Drucken, Lokalisierung)
- Ob solche Anwendungen mit dem vorhandenen Installshield installiert werden können (.NET 3.0 ins Setup)
- Ob es vielversprechende Alternativen zu WPF und Windows.Forms gibt (Qt,...)
- Ob WPF noch ActiveX-kompatibel ist (kann eine Klassenbibliothek mit WPF-Elementen als ActiveX-Control) bereitgestellt werden
- Ob es Aussagen zur Zukunft von WPF gibt:
  a. Integration in Microsoft Visual Studio 2008
  b. Nachfolgeversionen
  c. Ablösung von Windows.Forms durch WPF?
  d. Zusammenspiel von WPF und künftigen Delphi-Versionen
3. Es ist ein Beispielprogramm (in C#) zu entwickeln, das alle wesentlichen Möglichkeiten von WPF demonstriert
4. Es ist – wenn möglich – eine Beispielimplementierung zur Kombination von Delphi-Code und WPF anzufertigen
5. Es ist eine Kurzanleitung zur Verwendung von WPF anzufertigen

2 Grundlagen

In diesem Kapitel werden die grundlegenden Technologien erläutert, die zum Verständnis dieser Projektarbeit nötig sind. Die Windows Presentation Founation ist Teil des .NET 3.0 Frameworks. Deshalb wird zunächst erläutert worum es sich dabei handelt.

2.1 Das .NET Framework

2.1.1 Was ist das .NET Framework

Das .NET Framework ist eine Softwarekomponente, die einem Windows Betriebssystem hinzugefügt werden kann. Es enthält eine Reihe vorgefertigter Lösungen für allgemeine Programmieraufgaben. Zudem handhabt es die Ausführung von Programmen, die speziell für dieses Framework entwickelt wurden.

Die vorgefertigten Programme bieten Lösungen zu verschiedensten Problemen. Dazu gehören:

> ➤ Grafische Oberflächen,
> ➤ Datenzugriffe,
> ➤ Datenbanken,
> ➤ Kryptografie,
> ➤ Web Anwendungen,
> ➤ Numerische Algorithmen,
> ➤ Netzwerkverbindungen.

Diese Lösungen des Frameworks können benutzt und durch eigene Klassen erweitert werden. Dabei unterstützt .NET verschiedene Programmiersprachen. Beispiele hierfür sind C# und VB.NET.

.NET-Anwendungen werden in einer virtuellen Maschine ausgeführt. Ein ähnliches Konzept wurde bei der Programmiersprache Java verfolgt. Bei Microsoft wird diese als Common Language Runtime (CLR) bezeichnet und ist ein Teil des .NET-Frameworks.

Das Framework soll es insgesamt leichter machen, Programme zu schreiben. Gleichzeitig soll es dazu beitragen, die Verwundbarkeit von Programm und Computer gegenüber Bedrohungen zu minimieren. (vgl. [3])

2.1.2 Das .NET 3.0 Framework

Das .NET 3.0 Framework wird auch als WinFX oder Longhorn Application Model bezeichnet. Im Wesentlichen baut das .NET 3.0 Framework auf der älteren Version 2.0 auf. Doch es beinhaltet auch einige Neuerungen und Erweiterungen. In der nachfolgenden Abbildung (siehe **Abbildung 1**) wird ein Überblick über den Aufbau von .NET 3.0 gegeben.

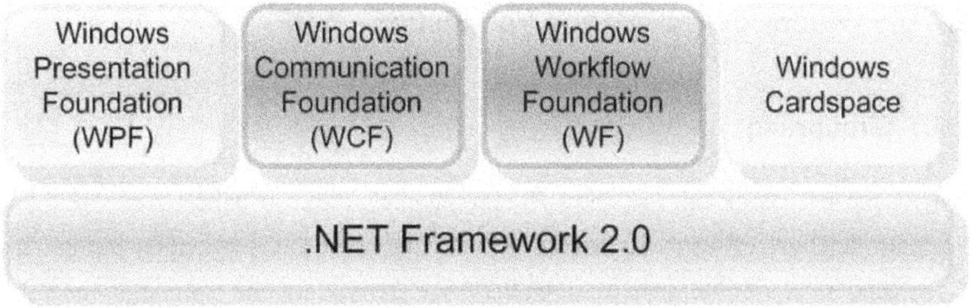

Windows Presentation Foundation (WPF)	Windows Communication Foundation (WCF)	Windows Workflow Foundation (WF)	Windows Cardspace

.NET Framework 2.0

Abbildung 1: Aufbau des .NET 3.0 Frameworks [4]

Die vier wichtigsten neuen Komponenten werden nun kurz erläutert.

> **Windows Presentation Foundation (WPF):**
> Die WPF ist auch unter ihrem früheren Codenamen "Avalon" bekannt. Sie ist ein neues User Interface Subsystem. Es bedient sich der 3D Computergrafik Hardware und Direct3D Technologien. (vgl. [3])

> **Windows Communication Foundation (WCF):**
> Der Codename der WCF lautete "Indigo". Hierbei handelt es sich um ein Dienstorientiertes Nachrichtensystem, welches unterschiedlichen Programmen erlaubt, lokal oder auf Distanz zu interagieren. (vgl. [3])

> **Windows Workflow Foundation (WWF):**
> Die WWF erlaubt das Einrichten von Prozessautomatisierung und integrierten Transaktionen anhand von Workflows. Workflow bezeichnet das Durchlaufen einzelner Etappen eines Arbeitsprozesses durch Dokumente oder Anwendungen. Der Codename von WWF war "Workflow". (vgl. [3])

> **Windows Cardspace (WCS):**
> Die WCS ist eine Softwarekomponente, die die digitale Identität einer Person sicher aufbewahrt. Des Weiteren stellt WCS ein vereinheitlichtes Interface für die Auswahl einer Identität bei einer Transaktion bereit. WCS ist auch unter dem Codenamen "Infocard" bekannt. (vgl. [3])

2.2 Die Windows Presentation Foundation - WPF

2.2.1 Einführung

Die Klassenbibliothek der Windows Presentation Foundation gehört zum .NET 3.0 Framework. Die WPF kann als Nachfolger von GDI und GDI+ angesehen werden. Im Gegensatz zu seinen Vorgängern setzt WPF auf DirectX auf und bietet dadurch volle Hardwarebeschleunigung. (vgl. [5])

Hardwarebeschleunigung ist ein Begriff aus der Computertechnik. Es beschreibt eine Technik, bei der Daten durch spezielle Hardware verarbeitet wird, und nicht durch die CPU des Rechners. Dadurch wird eine deutlich bessere Performance ermöglicht. Ein Beispiel für Hardwarebeschleunigung sind Grafikkarten. Dabei werden alle grafikspezifischen Berechnungen durch den speziell darauf ausgelegten Prozessor der Grafikkarte, die GPU, erledigt. (vgl. [6])

Die Windows Presentation Foundation kann ebenfalls als Nachfolger der mit .NET 1.0 eingeführten Windows.Forms-Bibliothek angesehen werden. Diese Bibliothek dient zur Gestaltung grafischer Benutzeroberflächen. Die WPF ist keine Erweiterung der Windows.Forms-Bibliothek. Vielmehr kann sie als Neuimplementierung angesehen werden, welche wesentlich mehr Möglichkeiten bietet. (vgl. [7])

Die WPF bringt ein konsistentes Programmiermodell zur Erstellung von Anwendungen mit sich und bietet eine klare Trennung zwischen grafischer Oberfläche und Programmlogik. Eine WPF-Applikation kann sowohl lokal auf dem Desktop als auch in einem Webbrowser ausgeführt werden. Die WPF zielt darauf ab, eine große Anzahl von Diensten gleichzeitig anzubieten. Dazu gehören unter anderem: (vgl. [3])

- ➢ Grafische Oberflächen,
- ➢ 2D- und 3D-Grafiken,
- ➢ feste und anpassungsfähige Dokumente,
- ➢ erweiterte Typografie,
- ➢ Vektorgrafiken,
- ➢ Rastergrafiken,
- ➢ Animationen,

> Audio,
> Video.

Mit der WPF ist es möglich Effekte, die bisher nur in Spielen vorkamen, ganz einfach auf den Desktop zu bringen. Dabei erkennt WPF automatisch die Leistungsfähigkeit des Systems und passt die Effektvielfalt der Anwendung an die gegebenen Ressourcen an. (vgl. [5])

2.2.2 Eigenschaften der WPF

In diesem Abschnitt werden einige der wichtigsten Eigenschaften der Windows Presentation Foundation aufgelistet.

> **Grafische Dienste:**
Alle grafischen Elemente, darunter auch Windows Desktop-Gegenstände, sind Direct3D-Anwendungen. Dies hat verschiedene Gründe. Zum Einen wird dadurch eine einheitliche Form der Darstellung erreicht. Zum Anderen erlaubt es weitere grafische Möglichkeiten. Weiterhin ist es dadurch möglich die GPU der Grafikkarte zu nutzen und die CPU zu entlasten. Außerdem wird dadurch der Einsatz von Vektorgrafiken ermöglicht. (vgl. [3])

Vektorgrafiken basieren anders als Rastergrafiken nicht auf einem Pixelraster, in dem jedem Bildpunkt ein Farbwert zugeordnet ist. Sie definieren sich mittels mathematischer Funktionen. Dadurch ist es möglich, dass Vektorgrafiken ohne Qualitätsverlust beliebig skaliert und verzerrt werden können. (vgl. [8])

Zudem erlaubt die WPF, 3D-Modell Rendering und Interaktion in 2D-Anwendungen.
Auch einige Spezialeffekte können realisiert werden. So beinhaltet die Bibliothek unter anderem Methoden, um Schattenwurf-, Unschärfe- und Spiegelungs-Effekte zu implementieren. (vgl. [3])

> **Ausbreitung:**

Die WPF erlaubt mehr als nur traditionelle standalone Applikationen. Sie können sowohl lokal oder durch XAML Anwendungen im Webbrowser implementiert und dargestellt werden. (vgl. [3])

> **Interoperabilität:**

Die WPF stellt Möglichkeiten bereit, um auf nicht .NET-sprachigen Code zuzugreifen. So ist es möglich auch ältere Programme mit .NET Anwendungen zu kombinieren. (vgl. [3])

> **Media Dienste:**

Die Windows Presentation Foundation unterstützt vielfältige Media Dienste. Für den 2D-Grafik-Bereich hält sie eine Anzahl von Grundformen bereit. Der 3D-Grafik-Bereich bietet eine Teilmenge der Direct3D-Möglichkeiten. Dadurch unterstützt die WPF nicht alle Funktionen von Direct3D. Die Integrationsmöglichkeiten für grafische Oberflächen, Dokumente und Medien sind jedoch besser. Dadurch können dreidimensionale Oberflächen, Dokumente und Medien mit vergleichsweise geringem Aufwand erstellt werden.

Zudem unterstützt die Windows Presentation Foundation die gängigsten Bildformate. Zusätzlich können andere Formate, mittels der Windows Imaging Component (WIC) hinzugefügt werden. Im Video-Bereich werden ebenso die wichtigsten Formate unterstützt. Dazu gehören WMV, MPEG und einige AVI Dateien. Außerdem werden OpenType Fonts unterstützt. (vgl. [3])

> **Grafische Benutzeroberfläche:**

Zur Gestaltung grafischer Oberflächen stellt die Windows Presentation Foundation eine Reihe von Kontrollelementen zur Verfügung. Dazu gehören unter anderem "Buttons" und "Menüs".

Ein mächtiges Konzept der WPF ist die Trennung von Programmlogik und Programmdesign. So können Veränderungen an einem Teil durchgeführt werden, ohne den anderen Teil zu beeinflussen. Es ist daher leicht möglich ein Design mit mehreren Programmlogiken zu versehen, ohne dass dabei Inkonsistenzen auftreten. (vgl. [3])

2.3 Microsoft Silverlight

Mit Silverlight wird eine Web-Präsentationstechnik der Firma Microsoft bezeichnet. Bis April 2007 war Silverlight unter dem vorläufigen Codenamen "WPF/E" bekannt. Diese Abkürzung steht für "Windows Presentation Foundation/Everywhere". Es handelt sich hierbei um eine stark eingeschränkte und plattformunabhängige Version der WPF, welche ebenfalls auf XAML basiert. Sie dient zur Darstellung und Animation von Oberflächen aus grafischen Elementen und Media-Daten in Browsern. (vgl. [9])

Derzeit wird Silverlight als Plugin für alle gängigen Browser angeboten. Dazu gehören Mozilla Firefox, Internet Explorer 6 und 7 und Safari. Ein Plugin für Opera soll folgen.

In der Version 2.0 beinhaltet Silverlight eine Mini-Implementation der Common Language Runtime (CLR). Diese bietet nicht den vollen Funktionsumfang, ermöglicht jedoch die Ausführung von VB.NET und C# Code.

Silverlight wird als direktes Konkurrenzprodukt zu Adobes Flash-Player positioniert. Im Gegensatz zur Konkurrenz, bietet Silverlight nur unter Windows den vollem Funktionsumfang. (vgl. [3])

2.4 XAML

XAML ist das Akronym für eXtensible Application Markup Language. Es handelt sich dabei um Microsofts neue deklarative Sprache zur Erstellung von grafischen Benutzeroberflächen. XAML verfügt über eine leicht erweiterbare und lokalisierte Syntax zur Definition von GUIs, getrennt von der eigentlichen Programmlogik.

Einer der Vorteile von XAML und Auszeichnungssprachen im Allgemeinen ist die leichte Zugänglichkeit. Auch Menschen ohne umfangreiche Programmiererfahrung, können Oberflächen erstellen. Neu ist die Möglichkeit zentral zu entwickeln, zentral zu verteilen und den Inhalt im Webbrowser anzuzeigen.

In der WPF wird XAML dazu verwendet reichhaltige grafische und multimediale Benutzeroberflächen zu erstellen. (vgl. [3])

2.5 GDI

GDI ist das Akronym für Graphics Device Interface. Dieses ist eine Komponente des Betriebssystems Microsoft Windows. Es dient als Programmierschnittstelle zu Grafikkarten und Druckern und kapselt die Komplexität der Hardware ab. Die meisten grafischen Operationen, wie Bitmaps und Farben werden bei GDI per Software, also von der CPU, berechnet. Benötigt ein Programm Informationen über gerätespezifische Eigenschaften, kann es sie vom Device Context beziehen. Gerätespezifische Eigenschaften sind beispielsweise die Bildschirmauflösung oder der Bildschirmtyp. Dieses Abkapselungsprinzip verlangsamt die Ausgabe auf den Bildschirm. Für Anwendungen die eine schnellere Grafikschnittstelle benötigen, wie beispielsweise Spiele, wurden DirectX und OpenGL geschaffen. (vgl. [3])

2.6 GDI+

GDI+ ist der Nachfolger des Graphics Device Interface. Es ist seit Windows XP ins Betriebssystem integriert, kann jedoch auf älteren Microsoft Betriebssystemen, wie Windows 2000 und Windows NT, nachinstalliert werden. Neu bei GDI+ ist die native Darstellung von JPEG und PNG, verbessertes Pfad-Management für Vektorgrafiken und Farben in ARGB. (vgl. [10])

Bei ARGB wird der Rot-Grün-Blau-Farbraum, oder kurz RBG-Farbraum, um einen zusätzlichen Farbraum erweitert. Dieser wird als Alphakanal bezeichnet. Bei ARGB können bei digitalen Bildern, zusätzlich zu den in einem Farbraum kodierten Farbinformationen, die Transparenzen der einzelnen Bildpunkte gespeichert werden. (vgl. [11])

2.7 DirectX

DirectX ist eine Sammlung von APIs für multimedia-intensive Anwendungen, wie beispielsweise Spiele. API ist das Akronym für Application Programming Interface. Die deutsche Entsprechung dafür ist Programmierschnittstelle. DirectX findet seinen Einsatz vorwiegend in Microsofts Windows, wird aber auch von der Spielekonsole XBox verwendet, welche ebenfalls von Microsoft entwickelt wurde. Die DirectX-Sammlung von Software-Komponenten deckt nahezu den gesamten Multimediabereich ab. Vorrangig wird es bei der Darstellung komplexer 2D- und 3D-Grafiken verwendet. Zusätzlich unterstützt es jedoch Audio, verschiedene Eingabegeräte und Netzwerkkommunikation. Zu den Eingabegeräten gehören unter anderem Maus und Joystick. (vgl. [12])

Managed DirectX

In der .NET-Terminologie wird unterschieden zwischen Programmen die innerhalb der Common Language Runtime (CLR) laufen und denen die es nicht tun. Ein Programm welches für .NET geschrieben wurde und in der CLR läuft, gilt als "managed". Alle anderen werden als "unmanaged" bezeichnet. Damit beide miteinander kombiniert werden können und so eine fließende Umstellung von Software-Projekten auf .NET möglich ist, wird die so genannte "Interop"-Technik verwendet. Dabei werden traditionelle Microsoft COM-Programme mit .NET-Kapseln versehen. (vgl. [13])

Das Component Object Model (COM) ist eine von Microsoft entwickelte Plattform-Technologie. Dabei soll unter dem Betriebssystem Windows Interprozesskommunikation und dynamische Objekterzeugung ermöglicht werden. COM-fähige Objekte sind sprachunabhängig und können sowohl DLLs als auch ausführbare Programme sein. (vgl. [14])

Die "Kapseln" werden als "Wrapper" bezeichnet. Dadurch ist es möglich, dass sich Programmfunktionen der COM-Programme wie normale .NET-Funktionen aufrufen lassen. Umgekehrt lassen sich auch .NET-Funktionen wie COM-Funktionen aufrufen. Dieses Prinzip wird in **Abbildung 2** dargestellt.

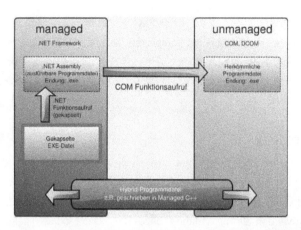

Abbildung 2: Darstellung der Interop-Technik

Es gibt des Weiteren die Möglichkeit managed Code und unmangaed Code in einer einzigen Programmdatei miteinander zu verbinden. Derartige Dateien werden als hybride Programmdateien bezeichnet. Bislang gibt es nur wenige Sprachen, die dies unterstützen. Zu ihnen gehören managed C++ und Delphi ab der Version 8. (vgl. [13]) Programme die mit managed DirectX erstellt wurden, werden demnach in der Common Runtime Language ausgeführt. Managed DirectX hat im Vergleich zu reinem DirectX den Vorteil, dass die Entwicklungszeiten für Programme kürzer sind. Zudem laufen Managed DirectX-Programme stabiler. Der Nachteil ist, dass diese Programme etwa 2% bis 15% langsamer sind, im Vergleich mit unmanaged DirectX-Programmen. (vgl. [15])

Neben DirectX gibt es noch andere APIs. Einige davon sind frei verfügbar und sind nicht auf die Windows-Plattform beschränkt. Meistens sind diese nicht so umfassend wie DirectX, können aber große Teile ersetzen. Des Weiteren ermöglichen derartige Programmierschnittstellen eine plattformunabhängige Softwareentwicklung. Ein Beispiel für eine solche API, ist OpenGL. (vgl. [12]) Diese wird im nächsten Abschnitt erläutert.

2.8 OpenGL

OpenGL steht für Open Graphics Library und ist eine Spezifikation für eine plattform- und programmiersprachenunabhängige Programmierschnittstelle. Sie wird vorwie-

12

gend zur Darstellung von 3D-Computergrafiken verwendet. OpenGL erlaubt es komplexe 3D-Szenen in Echtzeit darzustellen. Des Weiteren können andere Organisationen und Firmen proprietäre Erweiterungen definieren.

Die Weiterentwicklung von OpenGL wird durch das *OpenGL Architecture Review Board* kurz ARB kontrolliert. Das ARB trifft sich viermal jährlich, um über den Standard zu beraten. Dabei wird beschlossen, wie die Entwicklung fortgeführt werden soll. Das ARB besteht aus einer Reihe von Firmen. Stimmberechtigte Mitglieder sind die Firmen *3DLabs*, *Apple*, *AMD/ATI*, *Dell*, *IBM*, *Intel*, *NVIDIA*, *SGI* und *Sun*. (vgl. [16] und [17])

OpenGL ist eine API mit der nur das Grafiksubsystem angesprochen werden kann. (vgl. [18])

2.9 Windows API

Das Windows Application Programming Interface, oder kurz WinAPI, ist eine Programmierschnittstelle und Laufzeitumgebung. Sie steht Programmierern bereit, um Anwendungsprogramme für das Betriebssystem Windows zu erstellen.

Die Funktionen der WinAPI sind ausschließlich in der Programmiersprache C geschrieben und können von allen Windows-Programmierern im selbst erstellten Quelltext aufgerufen werden. Sie befinden sich in Bibliotheken, den so genannten DLL-Dateien. Die Schnittstellen sind Bestandteil des Betriebssystemkerns, welcher letzten Endes alle hardwarenahen Operationen mit und an der Hardware durchführt.

Die objektorientierten Bibliotheken, wie beispielsweise das .NET Framework, sind eine Alternative zur direkten Nutzung der Windows API. Hierbei werden die nativen Methoden der WinAPI gekapselt und ermöglichen so eine bequeme und objektorientierte Nutzung der zur Verfügung stehenden Funktionen.

Viele von Programmen ausgeführte Aktionen, seien es Input-/Output-Operationen, Windows-Dialoge oder Speicherverwaltung, wären ohne die Windows API nur sehr eingeschränkt durchführbar.

Beinahe mit jeder neuen Version von Microsoft Windows wurde die WinAPI erweitert und abgeändert. Der Name der API wurde dennoch zwischen den Versionen beibehalten und nur leicht abgeändert. (vgl. [19])

Win32

Win32 ist die 32-Bit API für moderne Versionen von Windows. Die API besteht aus Funktionen, welche in Programmbibliotheken implementiert sind. Eine der Kern-DLLs der Win32 API ist die gdi32.dll. Win32 wurde mit Windows NT eingeführt. In Windows NT und seinen Nachfolgern, werden Win32-Aufrufe durch zwei Module ausgeführt. "csrss.exe" (englisch Client/Server Runtime Server Subsystem) im User-Modus und win32k.sys im Kernel-Modus. Dies dient dem Schutz des Betriebssystems und verhindert, dass laufende Anwendungen des Benutzers kritische Daten des Betriebssystems modifizieren oder darauf zugreifen können. Die Modi werden direkt vom Prozessor zur Verfügung gestellt. (vgl. [19])

2.10 Windows.Forms

Die Windows.Forms Bibliothek wurde im Jahr 2002 mit .NET 1.0 eingeführt. Es handelt sich dabei um eine Klassenbibliothek zur Erstellung grafischer Oberflächen. Daher kann Windows.Forms als Vorgänger der Windows Presentation Foundation angesehen werden. Die Bibliothek unterstützt verschiedene Arten von Oberflächen, insbesondere:

➤ Klassische Desktop-Fenster ("Windows"),
➤ 2D- und 3D-Grafiken,
➤ Dokumente,
➤ Animationen und
➤ Browserbasierte Anwendungen. (vgl. [7])

Mit der Einführung von .NET 2.0 wurde auch eine überarbeitete Version der Windows.Forms Bibliothek ausgeliefert. Die Klassenbibliothek wurde um einige Funktionen erweitert und Probleme und Kinderkrankheiten, welche es in der alten Version gab, wurden ausgebessert.

3 Bearbeitung der Aufgaben

In diesem Kapitel werden die Fragen, die es laut Aufgabenstellung zu untersuchen galt, beantwortet.

3.1 Vergleich und Analyse

Zunächst werden ein Vergleich und eine Analyse der Vorteile und Nachteile verschiedener Visualisierungsmethoden für Programmoberflächen und Grafikausgabe erfolgen. Dabei werden folgende Technologien untersucht: Win32 API, Windows.forms, WPF, managed DirectX und OpenGL.

3.1.1 Win32 API

Windows-Programme basieren alle auf der Systemschnittstelle einer Funktionssammlung, die als Win32 API bezeichnet wird. Die Funktionssammlung enthält mittlerweile einige tausend Funktionen. Dies macht die Win32 API zu einer sehr mächtigen API. Der Umfang der Bibliothek macht diese aber unübersichtlich. Daher wurden verwandte Funktionalitäten in Klassen zusammengeführt und konnten über Methodenaufrufe angesprochen werden. Dieses Prinzip vereinfachte die Programmierung deutlich. Jedoch gibt es nicht nur eine, sondern mehrere herstellerspezifische Klassenbibliotheken. Diese haben zwar ein ähnliches Leistungsspektrum, sind aber grundlegend anders definiert. Die Microsoft Foundation Classes (MFC) ist die Klassenbibliothek von *Microsoft*. Von der Firma *Borland Inprise* stammt die Bibliothek der Object Windows Library (OWL). Die Firma *Sun* nutzt ebenfalls eine eigene API. Der Wechsel von einer Programmiersprache zu einer anderen bedeutet in der Regel auch, sich in eine andere Bibliothek einzuarbeiten. Beides sind Faktoren, die nicht nur mit sehr viel Zeit verbunden sind, sondern aus betrieblicher Sicht auch erhebliche Kosten verursachen können. (vgl. [20])

Normalerweise benutzt Windows für die Grafikausgabe GDI. GDI ist jedoch auf Kompatibilität und nicht auf Geschwindigkeit ausgelegt. Deshalb erfolgt die gesamte Grafikverarbeitung im Systemspeicher. Daher bietet die Win32 API keine Hardwarebeschleunigung. (vgl. [21])

Die Firma Borland bietet noch eine weitere Klassenbibliothek an. Diese wird als Visual Component Library (VCL) bezeichnet und steht unter anderem für die Programmiersprache Delphi zur Verfügung. Die Sprache Delphi wurde ebenfalls von der Firma Borland entwickelt. Die VCL ist sehr mächtig in Bezug auf Umfang und programmiertechnischer Möglichkeiten. Dies sind Gründe dafür, weshalb die Anwendungsentwicklung auf Win32-Basis mit der VCL so schnell ist. Erst mit der Einführung von Windows.Forms stellte Microsoft eine vergleichbar mächtige Bibliothek bereit.

Der Nachteil von Delphi und der VCL ist, dass die Programmierung sehr plattformabhängig ist. Weiterhin besteht eine Abhängigkeit von der Firma *Codegear* und deren Produktphilosophie. Codegear ist eine Tochterfirma von Borland und wurde 2006 gegründet. Seitdem befasst sie sich mit der Entwicklung und Weiterentwicklung von Entwicklerwerkzeugen. (vgl. [22]) In der Vergangenheit gab es bereits instabile und kaum nutzbare Versionen von Delphi. Ebenso hat die Firma bereits einige Umfirmierungen durchlebt. Weiterhin ist die Zukunft, besonders in Hinblick auf neue Technologien, wie beispielsweise .NET oder WPF, ungewiss. All dies sind Nachteile der VCL und Delphi.

Die Vorteile und Nachteile werden in nachstehender Tabelle (siehe **Tabelle 1**) gegenübergestellt.

Vorteile	Nachteile
+ sehr mächtige Bibliothek + verwandte Funktionalitäten wurden in Klassen zusammengeführt	- Hoher Funktionsumfang macht Bibliothek schnell unübersichtlich - Nicht nur eine, sondern mehrere herstellerspezifische Klassenbibliotheken - Vergleichsweise langsame Grafikausgabe - Keine Hardwarebeschleunigung

Tabelle 1: die Vorteile und Nachteile der Win32 API

3.1.2 Windows.Forms

Die Windows.Forms-Bibliothek ist eine Klassenbibliothek, die speziell auf das Gestalten grafischer Benutzeroberflächen ausgelegt ist. Sie basiert auf der Win32 API und bietet Möglichkeiten zur Erstellung von klassischen Desktop-Fenstern, 2D- und 3D-Grafiken, Dokumenten, Animationen und browserbasierte Anwendungen. (vgl. [7]) Diese Möglichkeiten werden jedoch ausschließlich für .NET-Anwendungen bereitgestellt.

Microsoft stellt mit Windows.Forms sehr viele und nützliche Steuerelemente für das Entwerfen von GUIs zur Verfügung. Zu dieser Auswahl kommen weitere Komponenten von Drittherstellern hinzu. Dies macht Windows.Forms sehr umfangreich und flexibel. Gleichzeitig ist diese Bibliothek leicht zu bedienen. Ein weiterer Vorteil der Windows.Forms-Bibliothek ist, dass sie Teil der Microsoft Produktstrategie ist. Das bedeutet, dass Microsoft viele Entwicklerwerkzeuge bereitstellt, um die Arbeit mit Windows.Forms zu erleichtern. Beispielsweise steht mit Visual Studio ein sehr mächtiges Entwicklerwerkzeug zur Verfügung.

Ein Nachteil der Windows.Forms-Bibliothek ist, dass sie auf der alten Windows API basiert. Zur Ausgabe von Grafiken wird weiterhin GDI beziehungsweise GDI+ verwendet. Demnach bietet Windows.Forms keine Hardwarebeschleunigung und ist entsprechend langsam. Ein weiterer Nachteil ist, dass die Weiterentwicklung von Windows.Forms, mit der Einführung von WPF, offiziell eingestellt wurde. Zwar gibt es noch keine Pläne oder Ankündigungen Windows.Forms aus dem .NET Framework zu entfernen, doch sollte sich WPF durchsetzen, dürfte dies nur eine Frage der Zeit sein. Projekte die auf Windows.Forms basieren müssten dann auf eine andere Technologie umgestellt werden. Abhängig von der Größe des Projektes ist dies mit einem gewissen Zeit- und Kostenaufwand verbunden. Die Entfernung aus dem .NET Framework wird jedoch nicht kurzfristig geschehen, da es zu viele Anwendungen gibt, die auf Windows.Forms basieren. Ein weiterer Nachteil ist, dass die Auswahl an Steuerelementen zum Teil nicht so umfangreich ist, wie die Auswahl die von Win32-Bibliotheken bereitgestellt wird. Beispielsweise bietet die VCL mehr Standardkomponenten an.

Die Vorteile und Nachteile werden in **Tabelle 2** gegenübergestellt.

Vorteile	Nachteile
+ bietet Möglichkeiten zur Gestaltung von Dokumenten, Animationen und browserbasierter Anwendungen + sehr umfangreich und flexibel + ist leicht zu bedienen + Teil der Microsoft Produktstrategie	- basiert auf der Windows API - keine Hardwarebeschleunigung - Weiterentwicklung wurde offiziell eingestellt - Entfernung aus .NET Framework möglich - Auswahl an Steuerelementen zum Teil geringer

Tabelle 2: die Vorteile und Nachteile der Windows.Forms-Bibliothek

3.1.3 Windows Presentation Foundation

Obwohl die Windows Presentation Foundation ein Nachfolger der Windows.Forms-Bibliothek ist, stellt sie keine Erweiterung dar. Vielmehr handelt es sich um eine Neuimplementierung mit wesentlich mehr Möglichkeiten. Durch die Neuimplementierung musste keine Rücksicht auf Abwärtskompatibilität genommen werden.

Einer der größten Vorteile die die WPF mit sich bringt ist, dass Code und Layout voneinander getrennt sind. Dadurch wird ein Programm besser wartbar. Zudem ermöglicht es die strikte Arbeitsteilung von Programmierern und Designern, wodurch die Zusammenarbeit zwischen beiden Gruppen optimiert wird.

Ein weiterer Vorteil ist, dass Effekte und Styles einfach zu realisieren sind. Außerdem sind Objekte beliebig verschachtel- und kombinierbar. (vgl. [23])

So können beispielsweise Grafiken mit "Checkboxen" kombiniert werden. Dies wird in **Abbildung 3** dargestellt.

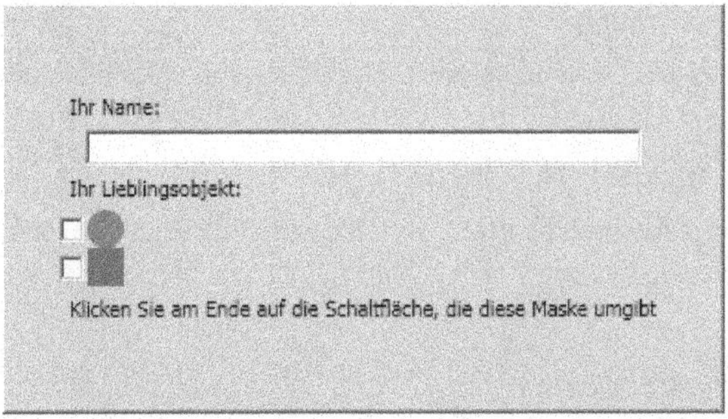

Abbildung 3: Verschachtelung visueller Elemente (vgl. [7])

In dieser Abbildung werden zwei "Checkboxen" mit zwei einfachen Grafiken kombiniert. Die erste Checkbox erhält als "Inhalt" einen roten Kreis. Die zweite Checkbox wird mit einem grünen Rechteck kombiniert. Zudem befinden sich alle Elemente ("Labels", "Textbox" und "Checkboxen") auf einer Schaltfläche.

Des Weiteren ist in WPF alles vektorbasiert. Dies erlaubt eine verlustfreie und stufenlose Skalierung. Es bietet zudem die Möglichkeit, dass Anwendungen unabhängig von der Auflösung des Endgerätes erstellt werden können. Wird ein Anwendungsprogramm bei einer Auflösung von 96dpi entwickelt, so sieht dieses bei 72dpi genauso aus wie bei 300dpi.

Weiterhin können WPF-Anwendungen auf dem Desktop und im Webbrowser ausgeführt werden. Dabei wird auf der gleichen Codebasis aufgesetzt. (vgl. [4])

Durch Silverlight bietet Microsoft zudem die Möglichkeit, WPF-Anwendungen plattformunabhängig zu gestalten. Silverlight bietet jedoch nur einen kleinen Teil des Funktionsumfanges der WPF. Daher können nicht alle WPF-Programme auf andere Plattformen portiert werden.

Ein weiterer Vorteil der Windows Presentation Foundation ist, dass sie auf DirectX aufsetzt. Effekte die vorher nur in Spielen vorkamen, können nun einfach in eine Desktop-Anwendung integriert werden. Außerdem wird dadurch eine volle Hardwarebeschleunigung ermöglicht. (vgl. [5]) WPF bietet jedoch nur eine Teilmenge der Möglichkeiten, welche mit DirectX möglich sind. Zu den Effekten, die mit WPF nicht möglich sind, gehören unter anderem (vgl. [15]):

> **Ansiotropic Lighting**

Ermöglicht Lichteffekte von Seide oder gebürstetem Metall.

> **Membrane Shaders**

Ermöglicht halbdurchlässige Texturen für Haut, Ballons und andere Membranen.

> **Kubelka-Munk Shaders**

Ermöglicht Licht, das durch die Oberfläche dringt.

> **Procedural Geometry**

Ermöglicht die Verbindung von Mesh- (Polygon) Geometrie und Drehkörpern (Spheres)

> **Bump Maps**

Mit dieser Technik lassen sich realistische Oberflächen darstellen, ohne dass das 3D Modell um weitere Polygone erweitert werden muss. Zu den Oberflächen gehören Gras, Fell und raue Strukturen wie etwa Fels oder Sand.

> **Fully Programmable Pipelines**

Für hardwarenahe Programmierung ganz nah an der Grafikkarte.

> **Paging of Graphics Memory**

Ermöglicht den perfektionierten Austausch von Daten zwischen Grafikkarte und Speicher.

> **Predicated Rendering**

Hierdurch wird nur das gerendert, was auch wirklich sichtbar ist.

> **Instancing**

Hiermit lassen sich Objekte vermehren. Vereinfacht die Darstellung von Wäldern oder Armeen.

Allerdings wird die Handhabung der Effekte, die unterstützt werden, vereinfacht. (vgl. [24])

Außerdem ist die Performanz im Vergleich zu DirectX schlechter. (vgl. [15]) Ein weiterer Nachteil ist, dass die Auswahl an Steuerelementen bislang nicht mit der von Windows.Forms vergleichbar ist. Dieser Nachteil wird dadurch kompensiert, dass Windows.Forms-Komponenten in WPF-Projekte eingebunden werden können. Ebenfalls nachteilig ist, dass die Auswahl an Entwicklerwerkzeugen sehr gering ist. Microsoft bietet zwar mit Expression Blend ein mächtiges Tool zur Gestaltung von grafischen Oberflächen, doch dieses Werkzeug befindet sich noch in der Testphase. Entwicklerwerkzeuge von anderen Herstellern gibt es bislang nur wenige.

Die Vorteile und Nachteile der Windows Presentation Foundation werden in nachfolgender Tabelle gegenübergestellt (siehe **Tabelle 3**).

Vorteile	Nachteile
+ Trennung von Code und Layout	- Bietet nur Teilmenge der DirectX-Möglichkeiten
+ Neuimplementierung mit mehr Möglichkeiten	
+ Effekte und Styles sind einfach realisierbar	- Im Vergleich mit DirectX/OpenGL langsamer
+ Elemente beliebig verschachtelbar	- Silverlight = stark abgespeckte Version von WPF
+ alles ist vektorbasiert	- Auswahl an Steuerelementen kann nicht mit Windows.Forms konkurrieren
+ setzt auf DirectX auf; neue Effekte möglich	- Entwicklerwicklerwerkzeuge befinden sich zum Teil noch in der Testphase
+ Effekte einfacher zu realisieren als bei DirectX	
+ volle Hardwarebeschleunigung	
+ WPF-Anwendungen auf dem Desktop und im Webbrowser ausführbar	
+ Plattformunabhängigkeit durch Silverlight	
+ Windows.Forms-Komponenten können in WPF-Projekte integriert werden	

Tabelle 3: die Vorteile und Nachteile der Windows Presentation Foundation

3.1.4 Managed DirectX

Einer der Vorteile von DirectX ist die Hardwarebeschleunigung. Beispielsweise werden rechenintensive Grafikoperationen nicht von der CPU des Computers berechnet. Dazu wird die speziell darauf ausgelegte GPU der Grafikkarte benutzt. Dadurch wird die CPU entlastet und es ergeben sich, je nach installierter Grafikkarte, große Performanz-Vorteile.

Ein weiterer Punkt ist, dass DirectX von Microsoft weiterentwickelt wird. Dies kann als Vorteil, aber auch als Nachteil angesehen werden. Der Vorteil besteht darin, dass Microsoft allein entscheiden kann, welche Veränderungen in DirectX vorgenommen werden sollen. Eventuell erfolgt vorher eine Absprache mit den Herstellern der Hardware. Dementsprechend schnell können neue Funktionen hinzugefügt werden. Der Nachteil ist, dass sich Teile der Initialisierung oder der grundlegenden Technik ebenfalls sehr schnell ändern können. Daher müssen die Entwickler ständig neu hinzulernen. (vgl. [25])

Weiterhin verfügt DirectX nicht nur über eine Grafik-Bibliothek, wie es zum Beispiel bei OpenGL der Fall ist. DirectX besteht aus mehreren Teilen und stellt so Funktionen für verschiedenste Aufgaben zur Verfügung.

Zudem verfügt DirectX über die Hardware-Abstraktions-Schicht. Hierdurch können Funktionen, die die Hardware nicht bereitstellt durch die Software emuliert werden.

Einer der Nachteile von DirectX ist, dass es plattformabhängig ist. Anwendungen, welche die Funktionalitäten von DirectX nutzen, können nur unter dem Betriebssystem Windows verwendet werden.

Ein weiterer Nachteil besteht darin, dass der Quellcode nicht verändert werden kann. Es handelt sich demnach um ein Closed Source Projekt. Nur Microsoft ist in der Lage Veränderungen an diesem Standard vorzunehmen. Daher können Entwickler DirectX nicht an ihre Bedürfnisse anpassen.

DirectX wird nicht zur Erstellung von grafischen Benutzeroberflächen verwendet. Entwickler greifen auf DirectX zurück, um rechenintensive 2D- und 3D-Operationen durchzuführen. Ein Vergleich mit Windows.Forms oder der Win32 API ist daher schwierig. Allerdings können diese Technologien miteinander kombiniert werden. Die grafische Benutzeroberfläche wird mittels Windows.Forms oder Win32 API erstellt. Für die Darstellung von komplexen 2D- und 3D-Grafiken werden die Vorteile von DirectX genutzt.

Die Vorteile und Nachteile werden in der **Tabelle 4** zusammengefasst.

Vorteile	Nachteile
+ Hardwarebeschleunigung + schnelle Weiterentwicklung + nicht nur Grafik-Bibliothek + Hardware-Abstraktions-Schicht	- Oft starke Veränderungen bei Versionswechsel - Closed Source - Plattformabhängig - Kaum geeignet zur Erstellung von grafischen Benutzeroberflächen

Tabelle 4: die Vorteile und Nachteile von DirectX

3.1.5 OpenGL

Mit OpenGL ist es ebenfalls möglich direkt auf die Hardware zuzugreifen und rechen-intensive Grafikberechnungen von der GPU der Grafikkarte erledigen zu lassen. Dementsprechend ergeben sich auch hier Performanz-Vorteile.

Vorteilhaft ist außerdem die Plattformunabhängigkeit. OpenGL war von Anfang an darauf ausgelegt auf möglichst vielen Betriebssystemen eingesetzt werden zu können. Dabei sind die Entwickler eines Betriebssystems für die Implementierung verantwortlich. Die ARB zertifiziert diese lediglich. (vgl. [17]) Dadurch ist es möglich, entwickelte Grafik-Anwendungen einem großen Käuferkreis zur Verfügung zu stellen, ohne Veränderungen am Quellcode vorzunehmen.

Des Weiteren ist OpenGL Open Source. Jeder kann die Bibliothek erweitern und an seine Bedürfnisse anpassen. Auch Firmen und Organisationen können proprietäre Erweiterungen definieren. (vgl. [16])

Ein weiterer Vorteil ist, dass sich die Grundstruktur von OpenGL seit der Einführung im Jahr 1992 kaum geändert hat. Die Grafikbibliothek wurde stets nur erweitert oder im Unterbau an neue Technologien angepasst. Daher können einmal erworbene Kenntnisse länger eingesetzt werden. (vgl. [25])

Als Vorteil und als Nachteil kann bei OpenGL angesehen werden, dass die Weiter-entwicklung in der Hand vieler Firmen liegt. Durch die hohe Anzahl an Firmen und Leuten verfügt das ARB über viel Know-how. Dieses Wissen kann eingesetzt werden um neue und innovative Lösungen zu entwickeln Auf der anderen Seite bedeutet es, dass verschiedene Interessengruppen existieren, welche verschiedene Meinungen über die Weiterentwicklung haben können. Die unterschiedlichen Interessen müssen koordiniert werden. Daher kann es länger dauern, bis ein neuer Standard entwickelt wird.

Ein weiterer Nachteil ist, dass OpenGL eine reine Grafik-Bibliothek ist. Im Gegensatz zu DirectX ist es so nicht möglich andere Bereiche der Programmentwicklung abzudecken. Daher müssen Entwickler auf andere Bibliotheken zurückgreifen, wenn sie beispielsweise Sound-Funktionen verwenden möchten.

Ebenso wie DirectX ist OpenGL schlecht dafür geeignet grafische Benutzeroberflächen zu gestalten. Allerdings kann auch OpenGL mit Windows.Forms oder mit einer Win32 API kombiniert werden.

Die Vorteile und Nachteile werden in nachfolgender Tabelle (siehe **Tabelle 5**) dargestellt.

Vorteile	Nachteile
+ Hardwarebeschleunigung	- Mitunter dauert die Entwicklung eines neuen Standards länger
+ Open Source	
+ Plattformunabhängig	- Reine Grafik-Bibliothek
+ Grundstruktur hat sich kaum verändert	- Kaum geeignet zur Erstellung von grafischen Benutzeroberflächen
+ Weiterentwicklung durch viele Firmen	

Tabelle 5: die Vorteile und Nachteile von OpenGL

3.1.6 Zusammenfassung

Die WPF bildet einen Mittelweg zwischen Technologien die für die Gestaltung grafischer Oberflächen konzipiert sind und denen, die für rechenintensive Grafik-Anwendungen entworfen wurden. Zwar kann sie nicht mit den Performanz-Leistungen und der Effektvielfalt von DirectX und OpenGL aufwarten, bietet aber grundlegend neue Möglichkeiten bei der Erstellung und Gestaltung grafischer Oberflächen. Funktionen und Effekte, welche bisher nur in Computerspielen vorkamen, können nun einfach in Desktop-Anwendungen eingebaut werden. Durch Silverlight und die Möglichkeit der Darstellung im Browser, ergeben sich zudem neue Gestaltungsalternativen für die Entwicklung von Web-Anwendungen. Diese sind zudem hardwarebeschleunigt.

Weiterhin wurde durch die Trennung von Code und Layout eine innovative Basis ge-schaffen, um den Entwicklungsprozess von Anwendungsprogrammen zu optimieren. Designer können sich verstärkt auf das Aussehen der Anwendungen konzentrieren und die Programmierer auf das Schreiben der Codebasis. Zudem werden Software-programme leichter wartbar.

In dem Bereich, in dem es um die Verarbeitung und Darstellung komplexer Compu-tergrafiken geht, ist die Windows Presentation Foundation Technologien wie DirectX oder OpenGL unterlegen. Zu diesem Bereich gehören beispielsweise Computerspie-le oder Simulationen. Allerdings ist die WPF nicht für derartige Anwendungen konzi-piert. Mit ihr sollen optisch anspruchsvolle Oberflächen gestaltet werden können. Durch die Hardwarebeschleunigung können diese auch zügig dargestellt werden.

Kurz gesagt können mit ihr fast alle Funktionen von Windows.Forms und der Win-dows API abgedeckt werden. Zusätzlich bietet sie viele neue Gestaltungsmöglichkei-ten an, welche einfacher erstellt und schneller dargestellt werden können. In .NET 3.0 verfügte sie noch über ein paar Kinderkrankheiten (vgl. [4]), doch möglicherweise wurden diese bereits mit dem Release des .NET 3.5 Frameworks behoben. Alles in allem hat die Windows Presentation Foundation das Zeug die veraltete Win32 API und die Windows.Forms-Bibliothek abzulösen. Wenn es um hochgradig recheninten-sive Grafikoperationen und die flüssige und ruckelfreie Darstellung von Grafiken geht, sollte auch in Zukunft auf DirectX oder OpenGL zurückgegriffen werden.

Ein Vergleich zwischen DirectX und OpenGL ergibt, dass sich beide in etwa auf dem gleichen Niveau befinden, wenn es um die Darstellung komplexer Grafiken geht. Ab-hängig von verwendeter Hardware, installiertem Treiber und davon, für welche Tech-nologie (DirectX oder OpenGL) eine Anwendung optimiert wurde, können Unter-schiede in der Geschwindigkeit der Berechnung von Grafikoperationen auftreten. (vgl. [25])

Ein Überblick über die Zusammenfassung wird in nachfolgender Tabelle (siehe **Ta-belle 6**) gegeben.

Überblick
• Die WPF bildet einen Mittelweg zwischen Technologien für die Gestaltung grafischer Benutzeroberflächen und Technologien für rechenintensive Grafikanwendungen. • Die WPF kann nicht mit der Performanzleistung von DirectX und OpenGL mithalten, bietet aber grundlegend neue Möglichkeiten bei der Gestaltung grafischer Benutzeroberflächen. • Diese Möglichkeiten stehen auch für Browseranwendungen zur Verfügung. • Die WPF ermöglicht innovative Möglichkeiten bei der Produktentwicklung. • Mit der WPF kann ein großer Teil der Möglichkeiten von der Windows.Forms-Bibliothek und der Win32 API abgedeckt werden und stellt weitere Möglichkeiten bereit. • Die WPF besitzt noch Kinderkrankheiten. • Die WPF könnte Windows.Forms und die Windows API ablösen. • Für hochgradig rechenintensive Grafikoperationen sollte auch in Zukunft auf DirectX/OpenGL zurückgegriffen werden • DirectX und OpenGL befinden sich in etwa auf dem gleichen Niveau.

Tabelle 6: Überblick über die Ergebnisse aus Aufgabe 1

3.2 Untersuchungen

Die Ergebnisse der Untersuchungen werden in diesem Abschnitt präsentiert.

3.2.1 Oberflächengestaltung

In diesem Abschnitt wird erläutert, ob der Einsatz von WPF alle derzeitigen Anforderungen an Oberflächengestaltung erfüllt. Dazu wird exemplarisch untersucht, ob alle von der Firma braasch & jäschke computertechnik verwendeten Komponenten zur Verfügung stehen.

Zunächst muss erwähnt werden, dass die Auswahl an Steuerelementen für die Windows Presentation Foundation, zumindest noch nicht mit denen für Windows.Forms vergleichbar ist. Weder die von Microsoft zur Verfügung gestellten Controls, noch die von Drittherstellern bieten bisher eine ähnlich große Auswahl. (vgl. [26])

Es folgt eine Auflistung der geforderten Komponenten und Funktionen:

> **Button mit Text/Bild**
>
> Schaltflächen können mit beliebigen Inhalt gefüllt werden. Ob Text, Bild, Video oder auch andere Steuerelemente. Alle Steuerelemente in WPF können beliebig kombiniert und miteinander verschachtelt werden.

> **Combobox, Checkbox, Listbox, Radiobutton, Label**
>
> Die gängigsten Steuerelemente, wie die hier aufgeführten, stehen zur Auswahl. (vgl. [27]) Andernfalls können aber auch Steuerelemente aus der Windows.Forms-Bibliothek eingefügt und verwendet werden.

> **Multi-Line-Textbox**
>
> Ist ebenfalls in der Auswahl an Steuerelementen enthalten. (vgl. [27])

> **RichTextbox**
>
> Ist ebenfalls in der Auswahl an Steuerelementen enthalten. (vgl. [27])

> **Treeview**
>
> Ist ebenfalls in der Auswahl an Steuerelementen enthalten. (vgl. [27])

> **Listview**
>
> Ist ebenfalls in der Auswahl an Steuerelementen enthalten. (vgl. [27])

> **Webbrowser Komponente zur Anzeige von HTML**
>
> Ist vorhanden. Allerdings hat sich die Bezeichnung verändert. Die Komponente wird nicht mehr als *WebBrowser*-Control, sondern als *Frame*-Control bezeichnet. (vgl. [27])

> **Grid-Komponente**
>
> In WPF steht die Komponente *DataGridView* nicht zur Verfügung. Einige der Funktionen werden aber durch die Steuerelemente *ListView* und *GridView* reproduziert. (vgl. [27]) Sollte dies nicht ausreichen, können Windows.Forms-Elemente in WPF eingebaut werden.

> **Paneltechniken (verschachtelt, Docking, Align)**

In WPF stehen verschiedene Arten von *Panels* zur Verfügung. Zu diesen gehören unter anderem das *StackPanel* und das *WrapPanel*. In diesen stehen auch die entsprechenden Paneltechniken zur Verfügung. (vgl. [27])

> **Pixel-Bildkomponenten (inklusive Funktionen zum Laden verschiedener Formate, Zoomen, Drucken)**

Die WPF unterstützt die gängigsten Bildformate. Dazu gehören unter anderem BMP und JPG. Zudem kann der Benutzer weitere Formate definieren und in WPF integrieren. (vgl. [28]) Dies geschieht mit Hilfe der Windows Imaging Component (WIC). Informationen darüber, ob die WPF spezielle Funktionen für das Zoomen oder das Drucken bereitstellt, konnten nicht gefunden werden. Es ist daher zu vermuten, dass derartige Funktionen, wie bisher, selbst entwickelt werden müssen.

> **Vektor-Bildkomponente (zeichnen von vektoriellen Komponenten)**

In WPF ist alles vektorbasiert. Dementsprechend basieren alle mit WPF gezeichneten Objekte auf Vektoren.

Für das Zeichnen stellt die WPF eine Reihe von Grafikprimitiven zur Verfügung. Dazu gehören unter anderem Rechtecke und Ellipsen. Dafür können beispielsweise die Klassen "*Geometry*" aus dem Namespace "*System.Windows.Media*" und "*Shape*" aus dem Namespace "*System.Windows.Shapes*" verwendet werden. Es besteht zusätzlich die Möglichkeit einzelne Grafikelemente in Gruppen zusammenzufassen. Dafür stehen unter anderem die Klassen "*GeometryGroup*" und "*DrawingGroup*" aus dem Namespace "*System.Windows.Media*" zur Verfügung. (vgl. [29], [30], [31] und [32])

> **DirectX-/OpenGL-Visualisierungsfenster**

Es ist möglich Managed DirectX-Inhalt in WPF-Anwendungen einzubinden. Dabei wird die Klasse *WindowsFormsHost* als Wrapper verwendet. (vgl. [33]) Ebenso ist es möglich OpenGL-Inhalt in eine WPF-Applikation einzufügen. (vgl. [34])

> **Schnittstellen zu Excel, Word**
> Es wurden keine Informationen darüber gefunden, ob WPF eine Schnittstelle zu Microsoft Excel oder Microsoft Word bereitstellt.

> **Video-Capture- und Wiedergabe-Komponente**
> Videos können mit Hilfe der Klasse *MediaElement* aus dem Namespace *System.Windows.Controls* wiedergegeben werden. Für die Aufnahme von Videos stehen keine Funktionen zur Verfügung. Gegebenfalls müsste hier auf die Funktionalitäten von DirectX zurückgegriffen werden. (vgl. [35])

> **Audio-Capture- und Wiedergabe-Komponente**
> Für die Wiedergabe von Audio-Dateien wird ebenfalls das *MediaElement* benötigt. Mit der Aufnahme von Audio-Kommentaren verhält es sich ähnlich wie bei der Aufzeichnung von Videos. Auch hier müsste dann auf Funktionen von DirectX zugegriffen werden. (vgl. [35])

> **PDF-Ausgabe**
> Es wurden keine Informationen gefunden, die darauf hinweisen, dass die Windows Presentation Foundation die Ausgabe von PDF-Dateien unterstützt.

3.2.2 Werkzeuge zur quellcode-unabhängigen Gestaltung von GUIs

In diesem Abschnitt werden ausgewählte Werkzeuge vorgestellt, mit denen Programmoberflächen unabhängig vom Quellcode erstellt werden können.

3.2.2.1 Expression Blend

Dies ist Microsofts Version eines Designerprogramms für WPF-Anwendungen. Es nutzt das Visual-Studio-Projektformat, weshalb Entwickler und Designer gemeinsam an einem Projekt arbeiten können.

Das Visual Studio ist eine von Microsoft angebotene integrierte Entwicklungsumgebung für verschiedene Hochsprachen. Die aktuelle Version 9.0 trägt den Namen Visual Studio 2008. Dabei werden die Programmiersprachen Visual Basic, Visual C++ und Visual C# unterstützt. Das Visual Studio erlaubt es Programmierern klassische Windows-Anwendungen oder dynamische Internetseiten beziehungsweise Webservices für das Internet zu entwickeln. (vgl. [36])

In **Abbildung 4** wird ein Bildschirmfoto von der Programmoberfläche von Expression Blend dargestellt.

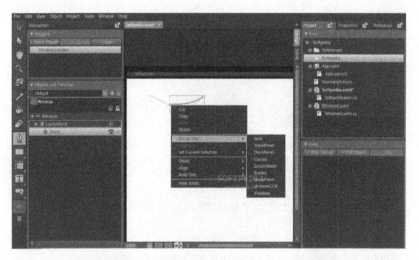

Abbildung 4: Bildschirmfoto von Expression Blend [37]

Dieser WPF-Designer liefert umfangreiche Funktionen zur quellcode-unabhängigen Erstellung und Bearbeitung von WPF-Oberflächen. Dabei können einzelne Elemente mittels Drag und Drop zu einer Oberfläche zusammengestellt werden. Es kann ein Split View eingestellt werden, sodass XAML-Code und der Designer gleichzeitig betrachtet werden kann. Mit Expression Blend ist es ebenfalls einfach möglich Animationen zu erstellen.

Da Expression Blend das gleiche Projektformat wie Visual Studio verwendet, ist es sogar möglich, dass ein WPF-Projekt gleichzeitig in Blend und Visual Studio geöffnet sein kann. Beim Wechsel des Fensters bemerkt das jeweils andere Werkzeug die Änderungen und bietet an diese zu laden. (vgl. [7])

3.2.2.2 Aurora XAML Designer

Dieser XAML Designer wurde von der Firma *Mobiform Software Inc* entwickelt. Er ist in .NET geschrieben und arbeitet mit der Windows Presentation Foundation als Oberfläche. Es handelt sich hierbei um eine kommerzielle Software. Der Preis liegt bei 192,50 Euro. Jedoch kann auf der Homepage des Herstellers eine Testversion gratis heruntergeladen werden. Ein Bildschirmfoto des Aurora XAML Designer zeigt nachfolgende Abbildung (siehe **Abbildung 5**).

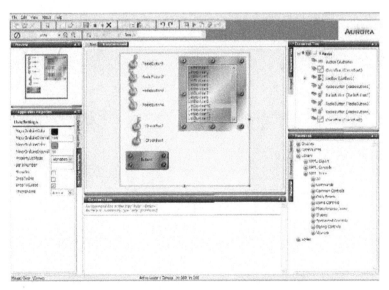

Abbildung 5: Bildschirmfoto des Aurora XAML Designers [38]

Der Aurora Designer verfügt über umfangreiche Funktionen zur Erstellung und Bearbeitung von Oberflächen für die Windows Presentation Foundation. Der Umfang an

Funktionen ist in etwa mit dem von Expression Blend vergleichbar. Ebenso wie bei Expression Blend können hier Designelemente mittels Drag und Drop zusammengefügt werden. Nachteilig zu bemerken ist die Geschwindigkeit. Er ist eindeutig langsamer als Expression Blend. Zudem kann es zu Programmabstürzen bei größeren und komplexeren Dateien kommen. Ein weiterer Nachteil ist die Inkompatibilität zu in Expression Blend und Visual Studio erstellten komplexen Oberflächen. Mit simplen Darstellungen kommt der Aurora XAML Designer jedoch zurecht. (vgl. [39])

3.2.2.3 Kaxaml v1.0

Kaxaml ist ein relativ kleiner Editor zum Erstellen von WPF-Oberflächen mit XAML. Dieser Editor ist kostenlos herunterladbar. Die Dateigröße beträgt dabei etwa 1,4 Megabyte. (vgl. [40]) Zum Funktionsumfang gehören unter anderem (vgl. [41]):

> ➢ IntelliSense,
> ➢ Syntax Hervorhebung,
> ➢ XAML Scrubber,
> ➢ Split View und
> ➢ Snippets

Die Programmoberfläche von Kaxaml wird in nachfolgender Abbildung dargestellt (siehe **Abbildung 6**).

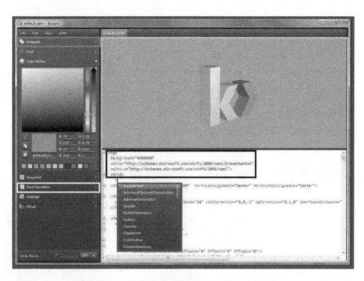

Abbildung 6: Bildschirmfoto des Kaxaml Editor

In diesem Bild sind die wichtigsten Funktionsmerkmale des Kaxaml Editor markiert. Im roten Rechteck befinden sich die Snippets. Snippets sind eine Art Code-Vorlage für häufig verwendete Elemente. So gibt es Snipptes für Schaltflächen, Textboxen und Radio-Buttons. Sie können per Drag and Drop in den XAML-Code eingefügt werden. In dem schwarzen Rechteck befindet sich ein Beispiel für die Syntax Hervorhebung. IntelliSense wird in dem blau markierten Bereich demonstriert. Grün umrandet ist der Split View, in dem zum Einen der XAML Code zu sehen ist (untere Hälfte) und zum Anderen die Vorschau (obere Hälfte). Änderungen am XAML Code werden nach kurzer Verzögerung in der Vorschau umgesetzt. Der XAML Scrubber ist gelb markiert. Dieses Werkzeug ermöglicht die Formatierung und Optimierung des XAML-Codes unter dem Gesichtspunkt der Lesbarkeit. Beispielsweise kann erreicht werden, dass Attribute, die auf den Standardwert eingestellt und deswegen überflüssig sind, entfernt werden. (vgl. [42])

Obwohl der Kaxaml Editor klein ist, bietet er einen relativ großen Funktionsumfang. Zwar kann er nicht mit den Möglichkeiten von Microsofts Expression Blend konkurrieren, für kleine Anwendungen ist er aber gut zu gebrauchen. Der größte Nachteil ist, dass es sich bei Kaxaml um kein Design-Programm handelt. Die Programmoberflächen lassen sich nicht einfach mittels Drag & Drop zusammenstellen. Die gesamte Gestaltung erfolgt über Code-Eingabe.

3.2.2.4 XAMLPad

Dies ist ein einfacher visueller Editor für das Erstellen von XAML-Anwendungen. XAMLPad ist Bestandteil des Windows Software Development Kit (SDK). Nach der Installation des Windows SDKs ist dieses Programm im Programmordner "Start/Programme/Microsoft Windows SDK Tools/Tools" zu finden. Ein Bildschirmfoto des XAMLPad wird in **Abbildung 7** dargestellt.

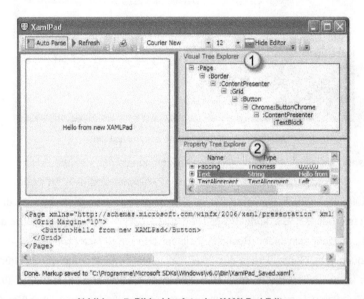

Abbildung 7: Bildschirmfoto des XAMLPad Editor

Auch der XAMLPad verfügt über ein Split View. Im roten Rechteck befindet sich die Vorschau. Gelb hervorgehoben ist der Bereich für die Code-Eingabe. Wird dort ein gültiger Code eingegeben, so wird dieser sofort interpretiert und das Ergebnis wird in der Vorschau angezeigt. XAMLPad unterstützt keine Syntaxhilfen. Weder Syntax Hervorhebung, noch IntelliSense werden angeboten. Rechts im Bild, wird die komplette interne Verwaltung angezeigt (siehe (1) und (2)). (vgl. [43])

XAMLPad ist kein Ersatz für ein professionelles Design-Programm. Es bietet jedoch genug Funktionen, um einzelne Elemente schnell zu testen. (vgl. [44]) Ebenso wie beim Kaxaml Editor erfolgt die Gestaltung allein durch die Eingabe von XAML-Code.

3.2.3 Kombination von WPF und Windows.Forms

Aufgrund der technischen Unterschiede zwischen Windows.Forms und WPF gibt es keine automatisierte Methode, um ein bestehendes Windows.Forms-Projekt in ein WPF-Projekt umzuwandeln. Deshalb werden die meisten Projekte, die Windows.Forms als Grundlage haben, auch auf dieser Basis weiterentwickelt. Dank der Interoperabilität zwischen Windows.Forms und WPF können aber solche Projekte von den Möglichkeiten der Windows Presentation Foundation profitieren.

Ebenso können die Entwickler von WPF-Projekten die Windows.Forms-Bibliothek nutzen. Die Auswahl an Steuerelementen für die Windows Presentation Foundation ist zumindest noch nicht mit denen für Windows.Forms vergleichbar. Daher ist die Einbindung von Windows.Forms-Elementen in WPF-Projekte sinnvoll.

Die notwendigen Komponenten für die Interoperabilität sind Bestandteil des .NET 3.0 Frameworks. Sie befinden sich in der Assembly *WindowsFormsIntegration.dll*. Im Namespace *System.Windows.Forms.Integration* befinden sich die beiden Klassen *WindowsFormsHost* und *ElementHost*. Diese sind die zentralen Bausteine. Sie kapseln jeweils über eine *Child*-Eigenschaft das *UIElement* beziehungsweise *Control* aus der jeweils anderen Technologie. Dies wird in **Abbildung 8** verdeutlicht.

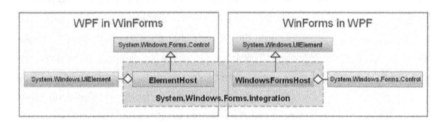

Abbildung 8: Die Klassen WindowsFormsHost und ElementHost bilden die zentralen Komponenten für die Interoperabilität zwischen Windows.Forms und WPF

In den Klassen *ElementHost* und *WindowsFormsHost* befinden sich die Funktionen um verschiedene Interoperationsszenarien abzubilden. Neben der Nutzung eines Windows.Forms-Steuerelementes in einer WPF-Anwendung lassen sich aus einer WPF Anwendung auch modale und nicht modale Windows.Forms-Formulare öffnen. Umgekehrt stehen dem Entwickler von Windows.Forms-Anwendungen die gleichen Szenarien zur Verfügung. (vgl. [26])

Wie WPF-Elemente in Windows.Forms-Anwendungen integriert werden können wird im nächsten Abschnitt beschrieben.

3.2.3.1 WPF in Windows.Forms

Die Integration von WPF in einer Windows.Forms-Anwendung wird anhand eines Beispiels beschrieben. Zunächst werden die folgenden vier Assemblies referenziert:

> ➢ WindowsFormsIntegration.dll
> ➢ PresentationFramework.dll
> ➢ PresentationCore.dll
> ➢ WindowsBase.dll

Die erste Assembly enthält die Komponenten für die Interoperabilität und die drei letzteren die Hauptkomponenten der WPF. Optional werden zu den Referenzen des Windows.Forms-Projekts zusätzliche Assemblies mit weiteren WPF-Elementen hinzugefügt. Für das nachfolgende Beispiel wird die *MyWPFControls*-Assembly benötigt. Diese enthält ein WPF-Steuerelement vom Typ *MyThreeDControl*. Um dieses Element zu verwenden muss zunächst ein Objekt vom Typ *MyThreeDControl* erstellt werden. Daran an schließt sich die Erstellung eines Objektes der Klasse *ElementHost*. Dem letzteren Objekt wird über die *Child*-Eigenschaft ein Objekt vom Typ *System.Windows.UIElement* zugewiesen. In diesem Fall ist dass das *MyThreeDControl*-Objekt. Der *ElementHost* selbst wird der *Controls*-Collection des Formulars hinzugefügt und mit der *SetBounds*-Methode an der gewünschten Stelle positioniert. All dies wird in das *Load*-Ereignis des Windows.Forms-Formulars eingefügt. Nachfolgende Abbildung (siehe **Abbildung 9**) veranschaulicht die eben beschriebenen Schritte.

```
...
private void Form1_Load(object sender, EventArgs e)
{
    myWPFElement = new MyWPFControls.MyThreeDControl();

    ElementHost host = new ElementHost();
    host.SetBounds(12, 12, 215, 174);
    host.Child = myWPFElement;

    this.Controls.Add(host);
    ...
}
...
```

Abbildung 9: Einbindung eines WPF-Steuerelementes in ein Windows.Forms-Projekt

Das *MyThreeDControl* beinhaltet ein dreidimensionales Element. Über die Eigenschaft *AxisAngleRotation3D* gibt das *MyThreeDControl* ein gleichnamiges Objekt aus
dem Namespace *System.Windows.Media.Media3D* zurück. Die *AxisAngleRotati-
on3D* definiert wiederum eine *Angle*-Eigenschaft. Diese ist vom Typ *double* und
spiegelt die Rotation des 3D-Objekts in Grad wider. Durch die referenzierten Assemblies lassen sich auch andere WPF-Funktionen nutzen. Eine dieser Funktionen
ist die Animation. Mit einer auf die *Angle*-Eigenschaft der *AxisAngleRotation3D* an-
gewandten *DoubleAnimation* wird das 3D-Objekt in der Ereignisbehandlungsroutine
einer *Windows.Forms.ComboBox* animiert. **Abbildung 10** zeigt den Quellcode dazu.

```
private void cboGrad_SelectedIndexChanged(object sender, EventArgs e)
{
    double from = myWPFElement.AxisAngleRotation3D.Angle;
    double to = (int)this.cboGrad.SelectedItem;
    DoubleAnimation ani = new DoubleAnimation( from, to, new System.Windows.Duration(
                                               TimeSpan.FromSeconds(2)));
    myWPFElement.AxisAngleRotation3D.BeginAnimation( AxisAngleRotation3D.AngleProperty, ani);
}
```

Abbildung 10: eine WPF-Animation in einer Windows.Forms-Anwendung verwenden

Das Ergebnis dieser Beispiel-Integration zeigt **Abbildung 11**.

Abbildung 11: Eine Windows.Forms-Anwendung mit einem WPF-Steuerelement mit 3D-Effekten

Über die *Windows.Forms.ComboBox* lässt sich das WPF-Element animieren.

Neben der Nutzung von WPF-Steuerelementen in einer Windows.Forms-Anwendung, lassen sich auch modale und nicht modale WPF-Dialoge aus Windows.Forms öffnen. Dazu wird die *Show*- oder die *ShowDialog*-Methode eines erstellten WPF-*Window*-Objekts aufgerufen. Dieser Aufruf unterscheidet sich nicht von der in einer reinen WPF-Applikation. Zur korrekten Funktion eines nicht modalen WPF-Dialogs ist vor dem Aufruf der *Show*-Methode aus Windows.Forms die statische Methode *EnableModelessKeyboardInterop(Window window)* mit dem *Window*-Objekt als Übergabe-Parameter aufzurufen. Die nachfolgende Abbildung (siehe **Abbildung 12**) zeigt den entsprechenden Quellcode.

```
System.Windows.Window window = new System.Windows.Window();
window.Content = new System.Windows.Controls.TextBox();
ElementHost.EnableModelessKeyboardInterop(window);
window.Show();
```

Abbildung 12: Beispiel für den Aufruf eines nicht modalen WPF-Fensters aus einer Windows.Forms-Applikation

Intern wird dadurch ein Nachrichtenfilter in der Windows.Forms-Anwendung erstellt. Dieser leitet alle Tastaturereignisse an das WPF-Fenster weiter, sobald dieses das aktive Fenster darstellt. Ohne diesen Filter empfängt das nicht modale Fenster die Tastatureingaben nicht korrekt. Für ein modales Fenster wird dieser Aufruf nicht benötigt. (vgl. [26])

3.2.3.2 Windows.Forms in WPF

Die Vorgehensweise bei der Integration von Windows.Forms in WPF ist nahezu identisch zu der Vorgehensweise, die bei der Verwendung von WPF-Elementen in Windows.Forms-Projekten angewendet wird. Allerdings besteht nun die Wahl zwischen einer Implementierung in XAML und in C#. Dabei kann XAML C# nicht vollständig ersetzen.

Für die Integration von Windows.Forms in die Windows Presentation Foundation wird die Klasse *WindowsFormsHost* benötigt. Diese befindet sich in der *Assembly WindowsFormsIntegration.dll*. Im WPF-Projekt müssen folgende Assemblies referenziert werden:

- ➢ WindowsFormsIntegration.dll
- ➢ System.Widows.Forms.dll

Für das Setzen bestimmter Eigenschaften in C#, wie beispielsweise die *Location*-Eigenschaft der *Windows.Forms.Control*-Klasse, muss zum erfolgreichen Kompilieren zusätzlich die *System.Drawing.dll* referenziert werden.

Über die *Child*-Eigenschaft nimmt *WindowsFormsHost* ein Windows.Forms-*Control* entgegen. Sollen mehrere Windows.Forms-*Controls* in einem *WindowsFormsHost* verwendet werden, so wird ein Layout-Container benötigt. Ein Beispiel für einen Layout-Container ist ein Windows.Forms-Panel. Dies wird in **Abbildung 13** dargestellt.

```
WindowsFormsHost host = new WindowsFormsHost();
System.Windows.Forms.Panel pnl = new System.Windows.Forms.Panel();
pnl.Controls.Add(txtUserName);
pnl.Controls.Add(txtPassword);
host.Child = pnl;
```

Abbildung 13: das Verwenden mehrerer Windows.Forms-Control in einem WindowsFormsHost

In diesem Beispiel werden zwei Windows.Forms-*Controls* zum Panel hinzugefügt. Eines trägt den Namen "txtUserName" und das Andere wird als "txtPassword" bezeichnet. Anschließend wird das Panel mit dem Namen "pnl" dem *WindowsForms-Host* als *Child*-Eigenschaft übergeben.

Der Umgang mit dem *WindowsFormsHost* ist nahezu analog zu dem mit dem *ElementHost*. Zur Vermeidung von Schwierigkeiten mit dem Compiler, wird für Windows.Forms-Controls der voll qualifizierte Typ-Bezeichner oder ein Namespace-Alias verwendet. Die in Windows enthaltenen visuellen Stile werden von den Windows.Forms-Controls durch einen Aufruf der *EnableVisualStyles*-Methode der Windows.Forms-*Application*-Klasse unterstützt. Der Aufruf muss vor dem Erstellen der Windows-Forms-Controls erfolgen. Der Aufruf sieht folgendermaßen aus (siehe **Abbildung 14**):

```
System.Windows.Forms.Application.EnableVisualStyles();
```

Abbildung 14: Aufruf der EnableVisualStyles-Methode

Um in XAML Windows.Forms-Controls zu verwenden, bedarf es eines Namespace-Mapping zwischen CLR-Namespace und XML-Namespace (xmlns). Dies wird in **Abbildung 15** dargestellt.

```
xmlns:wf=»clr-namespace:System.Windows.Forms;assembly=System.Windows.Forms»
```

Abbildung 15: Namespace-Mapping zwischen CLR-Namespace und XML-Namespace

In XAML müssen die Windows.Forms-Steuerelemente mit einem frei wählbarem Präfix versehen werden. Für dieses Beispiel wird der Präfix "wf" gewählt. Dadurch erkennt der XAML-Prozessor, dass solche Komponenten aus Windows.Forms stammen. Im Folgenden wird eine *DataGridView* in XAML erstellt. Dazu wird ein *<WindowsFormsHost>*-Element eingefügt, das ein *<wf:DataGridView>*-Element enthält. Damit auch für C# der Zugriff auf die *DataGridView* möglich ist, wird auf dem *<wf:DataGridView>*-Element der Name *dgvCustomers* vergeben. Eigenschaften wie *Dock* und *SelectionMode* sind problemlos in XAML initialisierbar. Der Quellcode für das eben beschriebene Beispiel wird in nachfolgender Abbildung (siehe **Abbildung 16**) dargestellt.

```xaml
<Window x:Class="WinFormsInWPF_XamlAndCSharp.Window1"
    xmlns="http://schemas.microsoft.com/winfx/2006/xaml/presentation"
    xmlns:x="http://schemas.microsoft.com/winfx/2006/xaml"
    xmlns:wf="clr-namespace:System.Windows
               .Forms;assembly=System.Windows.Forms"
    Title="Windows Forms in WPF - XamlAndCSharp"
    Height="300"
    Width="300"
    Loaded="OnLoad">
    <Grid x:Name="myWPFGrid">
        <Grid.RowDefinitions>
            <RowDefinition/>
            <RowDefinition/>
        </Grid.RowDefinitions>
        <WindowsFormsHost Grid.Row="1">
            <wf:DataGridView x:Name="dgvCustomers">
                <wf:DataGridView.Dock>
                    <wf:DockStyle>Fill</wf:DockStyle>
                </wf:DataGridView.Dock>
                <wf:DataGridView.SelectionMode>
                    <wf:DataGridViewSelectionMode>
                    FullRowSelect
                    </wf:DataGridViewSelectionMode>
                </wf:DataGridView.SelectionMode>
            </wf:DataGridView>
        </WindowsFormsHost>
    </Grid>
</Window></Window>
```

Abbildung 16: Verwendung von Windows.Forms-Controls in WPF (XAML-Code)

Der entsprechende C#-Code wird in **Abbildung 17** dargestellt.

```csharp
...
using wf=System.Windows.Forms;
namespace WinFormsInWPF_XamlAndCSharp
{
 public partial class Window1 : System.Windows.Window
 {
  ...
  private void OnLoad(object sender, RoutedEventArgs e)
  {
   WindowsFormsHost host= new WindowsFormsHost();
   wf.DataGridView dgvCustomersClone= new wf.DataGridView();
   dgvCustomersClone.Dock =wf.DockStyle.Fill;
   dgvCustomersClone.SelectionMode= wf.DataGridViewSelectionMode.FullRowSelect;
   host.Child= dgvCustomersClone;

   myWPFGrid.Children.Add(host);
   ...
  }
 }
}
```

Abbildung 17: Verwendung von Windows.Forms-Controls in WPF (C#-Code)

Zum öffnen von nicht modalen Fenstern beinhaltet der *WindowsFormsHost* eine statische Methode zur Einrichtung eines Nachrichtenfilters. Der einmalige Aufruf der parameterlosen Methode *EnableWindowsFormsInterop* genügt, um einen Nachrichtenfilter in einer WPF-Applikation einzurichten. Dadurch werden entsprechende Nachrichten an das Windows.Forms-Fenster weitergeleitet. (vgl. [26])

3.2.4 WPF und DirectX-Funktionalität

Die Windows Presentation Foundation kann im Bezug auf die Effizienz und die Geschwindigkeit nicht mit DirectX konkurrieren. Zudem bietet die WPF-Bibliothek nur eine Teilmenge der Funktionen an. Allerdings sind die Funktionen, die unterstützt werden, einfacher zu verwenden. Weiterhin besteht die Möglichkeit managed DirectX-Inhalt in einer WPF-Anwendung einzubetten. So ist es möglich alle Vorteile und Funktionalitäten die DirectX bereitstellt in WPF zu verwenden. (vgl. [33] und [15])

3.2.5 Voraussetzungen für Hardware und Software

Um das .NET 3.0 Framework auf einem Rechner installieren zu können, werden bestimmte Vorraussetzungen an Software und Hardware gestellt. Die von Microsoft empfohlenen Voraussetzungen werden in nachfolgender Tabelle (siehe **Tabelle 7**) dargestellt. (vgl. [45])

Systemkomponente	Anforderung
Prozessor	- **Minimum:** Pentium Prozessor mit 400 MHz - **Empfohlen:** Pentium Prozessor mit 1 GHz
Betriebssystem:	- Microsoft Windows Server 2003 mit Service Pack 1 - Microsoft Windows XP mit Service Pack 2 - Microsoft Windows Vista
Arbeitsspeicher	- **Minimum:** 96 MB - **Empfohlen:** 256 MB
Speicherplatzbedarf	- Bis zu 500 MB
CD- oder DVD-Laufwerk	- Nicht notwendig
Display	- **Minimum:** 800 x 600, 256 Farben - **Empfohlen:** 1024 x 768, 32 Bit
Maus	- Nicht notwendig

Tabelle 7: Systemvoraussetzungen für die Installation des .NET 3.0 Frameworks

3.2.6 Kombination WPF und Delphi-Projekte

Die mit Visual Studio 2005 erstellten WPF-Projekte konnten nicht mit Delphi-Projekten kombiniert werden. Mit dem neuen Visual Studio 2008 ist es theoretisch möglich. Folgende Schritte sind dabei durchzuführen:

Als erstes wird ein WPF-Projekt geöffnet und normal bearbeitet. Als nächstes müssen die Projekt-Eigenschaften aufgerufen werden. Unter dem Menüpunkt "*Anwendung*" muss der Ausgabetyp in "*Klassenbibliothek*" geändert werden. In **Abbildung 18** ist dies rot markiert.

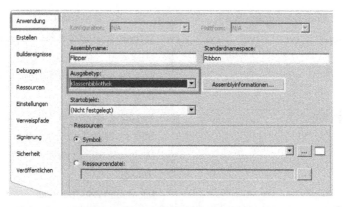

Abbildung 18: Projekt-Eigenschaften ändern

Das gelbe Rechteck markiert eine Schaltfläche mit dem Namen "*Assemblyinformationen...*". Mit einem Klick auf diese Schaltfläche wird ein Dialogfenster aktiviert. Dieses wird in nachfolgender Abbildung (siehe **Abbildung 19**) dargestellt.

Abbildung 19: die Assembly als COM-sichtbar markieren

Wie in obiger Abbildung dargestellt wird, muss die Assembly als "*COM-sichtbar*" markiert werden. In den Projekt-Eigenschaften muss noch etwas geändert werden. Dies wird in **Abbildung 20** gezeigt.

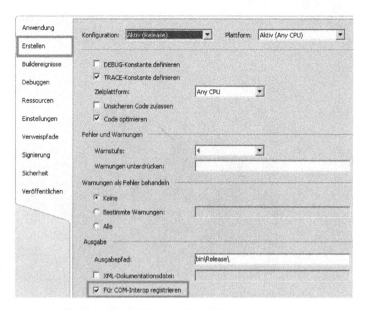

Abbildung 20: WPF-Projekt für COM-Interop registrieren

Im Menüpunkt "*Erstellen*" muss in die Checkbox "*Für COM-Interop registrieren*" ein Hacken gesetzt werden. Im nächsten Schritt wird das WPF-Projekt erstellt. Dabei werden zwei Dateien erzeugt. Diese tragen die Namen "*WindowsControlLib.dll*" und "*WindowsControlLib.tlb*". Diese beiden Dateien müssen nun registriert und in Delphi importiert werden. Ab dieser Stelle verhält sich die .NET 3.5 Bibliothek genauso wie eine .NET 2.0-Bibliothek.

Bei WPF-Projekten die mit Visual Studio 2005 erstellt und bearbeitet wurden, ist die Kombination mit Delphi-Projekten nicht möglich. Die erzeugten Dateien "Windows-ControlLib.dll" und "WindowsControlLib.tlb" konnten nicht registriert und nicht in Delphi importiert werden. Der Grund dafür ist, dass .NET 3.0 nicht in der Projektsteuerung von Visual Studio 2005 enthalten war. Daher wurde der Komponentenexport in eine Klassenbibliothek nicht unterstützt.

3.2.7 Umgang mit großen Daten (Pixelbilder)

Für den Test, ob WPF mit großen Bild-Daten umgehen kann, wurde ein einfaches Beispielprogramm verwendet. Dieses Programm wird als "*Flipper*" (vgl. [46]) bezeichnet. Dieses Programm zeigt eine Reihe von Bildern an. Beim Übergang von einem

Bild zum Nächsten, wird die obere Hälfte des aktuellen Bildes nach unten umgeklappt. Nachfolgende Abbildung (siehe **Abbildung 21**) verdeutlicht dieses Prinzip.

Abbildung 21: Beispielprogramm "Flipper"

Wie im Bild zu erkennen ist wird die obere Hälfte des vorderen Bildes schrittweise
nach unten umgeklappt. Hinter dem bereits leicht angewinkelten Teil des aktuellen
Bildes, ist das nachfolgende Bild zu erkennen.

Für den Test wurden die Bilder die bereits in dem Programm integriert waren, durch
neue und größere ersetzt. Die alten Bilder hatten eine Auflösung von 410 x 310 Pixel. Die neuen Bilder hatten eine Auflösung von bis zu 9978 x 6055 Pixel. Das Ergebnis dieses Tests war, dass das Programm auch mit diesen Bildern umgehen
konnte. Das Umklappen der Bilder lief jedoch nicht mehr so flüssig ab und hackte
deutlich. Der Testrechner war ein Intel Celeron mit 1,8 Gigahertz Prozessorleistung
und 256 Megabyte Arbeitsspeicher.

Folglich ist die Windows Presentation Foundation in der Lage mit großen Daten um-
zugehen. Die Hardware des Computers muss aber über entsprechende Leistungs-
merkmale verfügen, damit die Daten schnell verarbeitet werden können.

3.2.8 Programmumfeld

In diesem Abschnitt wird erläutert, ob die Windows Presentation Foundation das
Programmumfeld unterstützt.

3.2.8.1 Drucken

Für das Drucken stehen den Anwendern von WPF zahlreiche neue Möglichkeiten zur Verfügung. Dafür wurden die APIs für die Druck- und Drucksystemverwaltung erweitert. Hauptbestandteil dieser neuen Funktionen sind das neue XML Paper Specification (XPS)-Dateiformat und der XPS-Druckpfad. (vgl. [47]) Unter Microsoft Windows Vista wird das auf GDI basierende Druck-Subsystem erweitert. Dadurch verarbeitet das Betriebssystem die XPS-Dokumente ohne das bisher erforderliche Rendern der Druckdaten. Das spart einerseits Rechenzeit, verursacht aber größere Datenmengen. Die Windows Presentation Foundation unterstützt deshalb erstmals Druckaufträge mit mehr als zwei Gigabyte Datenvolumen. Voraussetzung ist, dass ein kompatibler Drucker zur Verfügung steht. (vgl. [48])

Folgende Druckerhersteller werden das Dateiformat unterstützen:

- ➢ Canon,
- ➢ Epson,
- ➢ Hewlett-Packard,
- ➢ Ricoh,
- ➢ Toshiba,
- ➢ Xerox und
- ➢ Konica Minolta

Toshiba unterstützt XPS seit Juli 2007 auf seinen Vollfarbensystemen e-STUDIO 2500c, 3500c und 3510c. Konica Minolta unterstützt das Dateiformat auf den Vollfarbsystemen bizhub C451, C550 und C650 seit Juli 2007, auf den Systemen bizhub C203, C253 und C353 seit der Markteinführung im Oktober 2007 sowie den im Januar 2008 eingeführten Magicolor 4650EN und 4650DN. (vgl. [49])

Der XML Paper Specification –Druckpfad ist eine neue Windows Funktion, die neu definiert, wie das Drucken in Windows-Anwendungen behandelt wird. XPS kann eine Dokumentenbeschreibungssprache (z. B. RTF), ein Druckspoolerformat (z. B. WMF) und eine Seitenbeschreibungssprache (z. B. PCL oder Postscript) ersetzen. Daher behält der neue Druckpfad das XPS-Format von der Anwendungsveröffentlichung bis zur abschließenden Verarbeitung im Druckertreiber oder im Gerät bei.

Der XPS-Druckpfad basiert auf dem XPS-Druckertreibermodell (XPSDrv), was mehrere Vorteile bietet. Beispielsweise wird eine verbesserte Farbunterstützung und eine erheblich verbesserte Druckleistung erreicht. (vgl. [50])

3.2.8.2 Lokalisierung

Mit dem Begriff Lokalisierung ist in diesem Kontext die Anpassung von Softwareprogrammen an bestimmte sprachliche oder kulturelle Gegebenheiten gemeint. (vgl. [51]) Bei der Lokalisierung werden die Anwendungsressourcen der Programme in lokalisierte Versionen für die jeweiligen Kulturen übersetzt. Ein Beispiel für das Ergebnis einer Lokalisierung wird in nachfolgender Abbildung (siehe **Abbildung 22**) dargestellt.

Abbildung 22: Beispiel für das Ergebnis einer Lokalisierung [52]

Hierbei sind zwei mit WPF und XAML erzeugte Dialogfelder zu sehen. Das linke ist das originale Dialogfeld. Das Rechte zeigt das Ergebnis der Lokalisierung. Alle Texte wurden ins Deutsche übersetzt.

Die Lokalisierung wird von speziellen Softwareprogrammen ausgeführt. Microsoft selbst liefert APIs für die Lokalisierung. Diese befinden sich im Namespace *System.Windows.Markup.Localizer*. Ein Beispiel für ein Übersetzungswerkzeug ist *Loc-Baml*. Es wird mit dem Windows Software Development Kit ausgeliefert. Dabei handelt es sich um ein Kommandozeilen-Programm.

Ein weiteres Beispiel für ein Übersetzungsprogramm ist *Passolo* der Firma *SDL*. In der Version 2007 unterstützt Passolo die Lokalisierung von WPF-Anwendungen. Dafür wird ein spezielles Add-In benötigt. Für die Lokalisierung steht eine vollständig visuelle Umgebung zur Verfügung. (vgl. [53])

3.2.9 Installshield

In diesem Abschnitt wird geklärt, ob das .NET 3.0 Framework und darauf basierende Anwendungen mit dem Programm *Installshield* der Firma *Macrovision* installiert werden können. Mit dem Installshield können Installationsprogramme erstellt werden. Diese dienen dazu, um Softwareprogramme ordnungsgemäß auf Windows-PCs installieren, konfigurieren, aktualisieren und nach Nutzungsende deinstallieren zu können. In der Version Installshield 2008 wird eine breite Unterstützung für Microsoft Produkte angeboten. Unterstützt wird unter anderem (vgl. [54]):

- ➢ Windows Vista,
- ➢ .NET Framework 3.0,
- ➢ MS Build und
- ➢ Visual Studio 2005

3.2.10 Alternativen zu WPF und Windows.Forms

Es gibt verschiedene Bibliotheken mit denen grafische Benutzeroberflächen gestaltet werden können. Manche eignen sich sogar zur plattformunabhängigen Gestaltung. Drei dieser Alternativen sind *Qt*, *wxWidgets* und *FLTK*. Sie werden nachfolgend kurz vorgestellt.

3.2.10.1 Qt

Qt ist eine Klassenbibliothek für die plattformübergreifende Programmierung grafischer Benutzeroberflächen. Qt steht für viele Programmiersprachen zur Verfügung. Dazu gehören unter anderem Java und C#. Des Weiteren kann Qt auf verschiedenen Betriebsystemen und Grafikplattformen eingesetzt werden. Es gibt Versionen für Mac OS X, Windows, X11 und PDAs. Neben der Entwicklung von GUIs bietet Qt umfangreiche Funktionen zur Internationalisierung sowie Datenbankfunktionen und XML-Unterstützung. Sie wird von der Firma *Trolltech* entwickelt. Die Klassenbibliothek steht sowohl unter einer freien, als auch unter einer kommerziellen Lizenz. Letztere wird nur benötigt, falls Produkte entwickelt werden, die ebenfalls kommerziell verwendet werden sollen. (vgl. [55]) Qt bietet ebenfalls umfangreiche Möglichkeiten zur Gestaltung von GUIs an. Zudem sind Programme die mit Qt geschrieben wurden sehr schnell. (vgl. [56])

3.2.10.2 wxWidgets

Die Klassenbibliothek der wxWidgets ist auch unter dem ehemaligen Namen wxWindows bekannt. Es handelt sich hierbei um ein Open-Source-Framework zur plattformunabhängigen Entwicklung von Anwendungen mit grafischer Benutzeroberfläche. wxWidgets kann auf den Betriebssystemen Windows, Linux und Mac OS X eingesetzt werden. wxWidgets wurde in C++ implementiert, doch sie steht auch für viele andere Programmiersprachen zur Verfügung. Dazu gehören beispielsweise Perl, Java und C#. Diese Klassenbibliothek steht unter einer freien Lizenz. (vgl. [57]) wxWidgets bietet ebenfalls eine große Anzahl an Steuerelementen. Im Gegensatz zu Qt können mit diesem Toolkit auch kommerzielle Projekte kostenlos umgesetzt werden. wxWidgets ist einfach und intuitiv zu verwenden. (vgl. [58])

3.2.10.3 FLTK

FLTK ist das Akronym für Fast and Light Toolkit. Ausgesprochen wird es "fulltick". Es handelt sich hierbei um ein GUI-Toolkit für 3D Grafikprogrammierung, welches von Bill Spitzak entwickelt wurde. Zudem bietet es eine OpenGL Anbindung. Mit dieser Bibliothek ist es möglich Programme zu schreiben, die, wenn sie auf dem entsprechenden Betriebssystem kompiliert wurden, überall gleich aussehen und funktionieren. FLTK ist unter anderem für die Betriebssysteme Windows, Mac OS X und Linux erhältlich. Bei FLTK handelt es sich um eine freie Software und sie beinhaltet ein eigenes Designer-Programm für die Erstellung von Programmoberflächen. Diese Klassenbibliothek stellt ausschließlich Funktionen zur Verfügung, die zur Erstellung von GUIs benötigt werden. Dadurch ist FLTK sehr kompakt. Der Nachteil ist, dass zur Umsetzung ganzer Softwareprojekte auf andere Bibliotheken zugegriffen werden muss, da FLTK nicht die nötigen Funktionalitäten bereitstellt. (vgl. [59])

3.2.11 Kompatibilität zu ActiveX

In diesem Abschnitt wird beschrieben wie eine ActiveX-Komponente in WPF integriert werden kann. Die Kompatibilität zu ActiveX wird dabei über die Interoperabilität zu Windows.Forms sichergestellt. Die ActiveX-Komponente wird demnach nicht direkt in die WPF-Anwendung integriert. Vielmehr wird das ActiveX-Steuerelement in ein Windows.Forms-Projekt eingebettet. Beispielsweise kann der Windows Media Player in ein Windows.Forms-Fenster integriert werden. Aus diesem Windows.Forms-Projekt wird eine Steuerelementbibliothek erstellt. Als nächstes muss diese generierte Steuerelement-Assembly in das WPF-Projekt eingebunden werden. Des Weiteren werden die *WindowsFormsIntegration*-Assembly (*Windows.Forms.Integration.dll*) und die *WindowsForms*-Assembly (*System.Windows.Forms.dll*) benötigt. Diese müssen ebenfalls im WPF-Projekt referenziert werden. Die weitere Verwendung der ActiveX-Komponente ist analog zum Verwenden von Windows.Forms-Elementen in WPF. (vgl. [60])

3.2.12 Zukunft von WPF

In diesem Abschnitt wird geklärt, ob es Aussagen über die Zukunft von WPF gibt. Dabei wird darauf eingegangen, ob es Nachfolgeversionen von WPF geben wird, ob Windows.Forms durch WPF abgelöst werden soll und ob die Windows Presentation Foundation mit künftigen Delphi-Versionen zusammenarbeiten kann. Zunächst wird erläutert, ob WPF in das Visual Studio 2008 integriert sein wird.

3.2.12.1 Integration in Visual Studio 2008

In Visual Studio 2008 wird nun erstmals ein WPF-Designer in einem Visual Studio vorhanden sein. Er bietet er eine zweigeteilte Entwurf/XAML-Ansicht. Nachteilig ist, dass er nur einen Bruchteil der Möglichkeiten bietet, welche die WPF-Klassen zur Verfügung stellen.

In Zukunft wird es deshalb eine Arbeitsteilung geben. Ein Designer wird mit Microsofts Expression Blend eine Oberfläche gestalten und der Entwickler ergänzt den Code im Visual Studio. Expression Blend verwendet das Visual-Studio-Projektformat und ist deshalb eine Art von natürlicher Erweiterung des Visual Studio. (vgl. [61])

3.2.12.2 Nachfolgeversionen

Mit dem Release des .NET 3.5 Frameworks im November 2007, wurde auch eine überarbeitete Version der WPF ausgeliefert. Diese trägt den Namen WPF 3.5. Die Änderungen sind jedoch nur geringfügig. Über weitere Nachfolgerversionen gibt es bisher keine Informationen. (vgl. [62])

3.2.12.3 Ablösung von Windows.Forms durch WPF

Microsoft will die Windows.Forms-Bibliothek vorerst nicht aus dem .NET Framework entfernen. Daher werden Windows.Forms-Anwendungen auch noch in naher bis mittlerer Zukunft lauffähig sein. (vgl. [7]) Als eine Ablösung sollte es daher vorerst nicht bezeichnet werden. Eher als eine Alternative. Der Grund dafür ist, dass Windows.forms derzeit noch die leistungsfähigeren Steuerelemente und Dialoge zur Verfügung stehen. Daher werden sie auch in Zukunft eine wichtige Rolle bei der Entwicklung von Windows-Applikationen spielen. (vgl. [26]) Allerdings wird die Windows.Forms-Bibliothek nicht mehr offiziell weiterentwickelt. (vgl. [61])

3.2.12.4 Zusammenspiel von WPF und künftigen Delphi-Versionen

In der zweiten Hälfte des Jahres 2007 brachte *Codegear* ein Upgrade von *Delphi .NET* heraus. Dieses Upgrade beinhaltete unter anderem die Unterstützung des .NET 2.0 und die Kompatibilität zum .NET 3.0 Framework. (vgl. [63]) Durch dieses Upgrade können WPF- und Delphi-Projekte einfacher miteinander kombiniert werden. (vgl. [64])

3.3 Beispielprogramme

In diesem Abschnitt werden Programme beschrieben, die mit .NET 3.0 und der Windows Presentation Foundation erstellt wurden.

3.3.1 3D Schaltflächen

In diesem Beispielprogramm ([46]) werden dreidimensionale Schaltflächen dargestellt. In nachfolgender Abbildung (siehe **Abbildung 23**) wird das Programm dargestellt.

Die oberen vier stellen eine Art Vorschau dar. Wird eine der Schaltflächen angeklickt, so wird die große Schaltfläche unten in der entsprechenden Farbe dargestellt. Befindet sich der Mauszeiger über einer Schaltfläche, so klappt die Schaltfläche um etwa 30 Grad nach hinten. In **Abbildung 24** wird dieser Sachverhalt verdeutlicht.

Wird eine Schaltfläche angeklickt, so wird eine Animation ausgeführt. Es hat dann den Anschein, als würde die Schaltfläche eingedrückt. **Abbildung 25** verdeutlicht dies.

Abbildung 25: die gedrückte dreidimensionale Schaltfläche

Die Klassenstruktur dieses Beispielprogramms wird in **Abbildung 26** dargestellt.

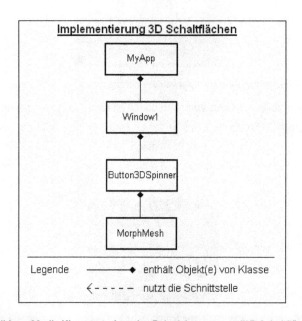

Abbildung 26: die Klassenstruktur des Beispielprogramms "3D Schaltflächen"

Wie im Bild dargestellt, besteht dieses Programm aus vier Klassen: "MyApp", "Window1", "Button3DSpinner" und "MorphMesh". Die Anwendung startet mit der Klasse MyApp. Diese Klasse enthält ein Objekt vom Typ Window1. Window1 ist das Fenster, in dem die 3D Schaltflächen dargestellt werden. Hier werden unter anderem die Positionen, die Größe und die Farben der Schaltflächen festgelegt. Die Schaltflächen selbst sind vom Typ Button3DSpinner.

Die Klasse Button3DSpinner wiederum enthält Funktionen, die für die Darstellung Schaltflächen notwendig sind. Für die Darstellung der Schaltflächen wird die Klasse

MeshGeometry3D verwendet. Sie befindet sich im Namespace *System.Windows.Media.Media3D* und ist eine Dreiecksprimitive zum Erstellen einer 3D-Form. (vgl. [65]) Daher kann mit dieser Klasse das Aussehen der 3D Schaltflächen definiert werden. Ebenso wird diese Klasse für die Animation der gedrückten Schaltfläche benötigt. Dazu wird das Aussehen der gedrückten Schaltfläche definiert. Bei der Animation wird schnell von der normalen Darstellung zu der Darstellung mit der gedrückten Schaltfläche und wieder zurück gewechselt. Dadurch entsteht der Eindruck der Bewegung.

Für die Animation bei der die Schaltfläche zurückklappt, sobald sich der Mauszeiger über ihr befindet, wird die Schaltfläche um die X-Achse rotiert.

In der Klasse MorphMesh befinden sich Funktionen, die für die Animationen benötigt werden.

3.3.2 Flipper

Dieses Beispielprogramm ([46]) zeigt hintereinander eine Reihe von Bildern an. Beim Übergang von einem Bild zum Nächsten, wird die obere Hälfte des aktuellen Bildes nach unten umgeklappt. Nachfolgende Abbildung (siehe **Abbildung 27**) verdeutlicht dieses Prinzip.

Abbildung 27: die obere Hälfte des aktuellen Bildes wird nach unten umgeklappt

Wie im Bild zu erkennen ist, geschieht das Umklappen schrittweise. Der obere Teil des vorderen Bildes ist bereits leicht angewinkelt. Im Hintergrund ist das nächste Bild zu erkennen.

Nachfolgende Abbildung (siehe **Abbildung 28**) zeigt die Klassenstruktur des Flipper-Programms.

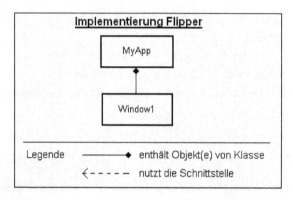

Abbildung 28: die Klassenstruktur des Beispielprogramms "Flipper"

Wie aus der Darstellung ersichtlich wird, besteht dieses Programm aus zwei Klassen. Mit der Klasse MyApp wird die Anwendung gestartet. Sie enthält ein Objekt vom Typ Window1. Mit der Instanzierung von Window1 wird ein Desktop-Fenster erstellt. In diesem Fenster werden die Bilder dargestellt. Dafür wird eine Komponente verwendet, die als *Viewport3D* bezeichnet wird. Diese Komponente befindet sich im Namespace *System.Windows.Controls* und dient der Anzeige von visuellen 3D-Inhalt. Dieses Steuerelement wird verwendet um die Kameraposition einzustellen. Das bedeutet, es wird definiert, wie die Bilder dargestellt werden sollen. (vgl. [66]) In diesem Viewport3D-Steuerelement befindet sich eine Komponente die als *Model3DGroup* bezeichnet wird. Die Klasse *Model3DGroup* befindet sich im Namespace *System.Windows.Media.Media3D* und stellt Funktionen und Eigenschaften bereit, um Entwicklern das Anwenden von Transformationen und Animationen auf eine Gruppe von 3D-Modellen zu ermöglichen. Diese Gruppe von Modellen wird dabei so behandelt, als wäre es ein einziges Modell. (vgl. [67]) Diese Gruppe von Modellen besteht aus vier Elementen. Diese vier Elemente sind ebenfalls vom Typ *Model3DGroup*. Sie werden benötigt um die Animation beim Übergang von einem Bild zum Nächsten darzustellen. Die Anordnung der vier Elemente wird in **Abbildung 29** dargestellt.

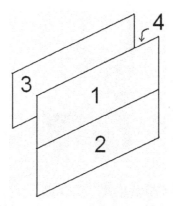

Abbildung 29: die Anordnung der vier Model3DGroup-Elemente

In Element eins wird die obere Hälfte und in Element zwei die untere Hälfte des aktuellen Bildes dargestellt. In Element drei befindet sich die obere Hälfte des nachfolgenden Bildes. *Model3DGroup*-Element vier befindet sich auf der Rückseite von Element eins. Der Eindruck des Umklappens beim Übergang von einem Bild zum Nächsten, wird durch Rotation von Element eins erzeugt.

3.3.3 iPod-Media-Player

Dies ist ein Beispiel ([68]) für einen einfachen Media Player. Er kann Musik- und Video-Dateien wiedergeben und besitzt *Apples iPod* als Oberfläche. Der Player wird in nachfolgender Abbildung (siehe **Abbildung 30**) dargestellt.

Abbildung 30: Media-Player mit der Oberfläche eines iPod

Der dargestellte Player funktioniert nach dem Drag und Drop Prinzip. Das heißt, dass die Datei, die wiedergegeben werden soll, einfach auf den Player gezogen werden muss. Im Bildschirm des Players wird entweder das entsprechende Video oder in einer Laufschrift der Titel des aktuellen Liedes angezeigt. Ein Statusbalken zeigt den Wiedergabefortschritt an. Des Weiteren besitzt der Player vier Schaltflächen. Mit der obersten Schaltfläche wird das Programm beendet. Mit der linken Schaltfläche wird die Wiedergabe neu gestartet. Die Rechte schalten den Player auf Stumm und mit der untersten Schaltfläche wird die Wiedergabe gestartet beziehungsweise pausiert. Die Klassenstruktur des Players mit in **Abbildung 31** dargestellt.

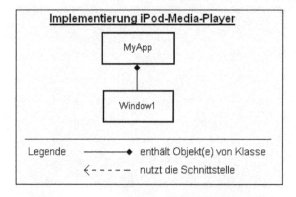

Abbildung 31: die Klassenstruktur des iPod-Media-Player

Der iPod-Media-Player besteht aus zwei Klassen. Die Klasse MyApp wird zum Start der Anwendung benötigt. Sie enthält ein Objekt vom Typ Window1. Mit der Instanzierung der Klasse Window1 wird ein Desktop-Fenster erstellt. In diesem wird der Media-Player dargestellt. Das Desktop-Fenster ist besitzt keinen Rahmen und daher erscheint es, als würde lediglich das Bild des Media-Players dargestellt. Um den Player das Design des iPod zu verleihen, wurde ein Bild des iPods verwendet. Es wurde mit einem Bildbearbeitungsprogramm verändert, um es an die Erfordernisse anzupassen. Beispielsweise befindet sich die Aufschrift "Close" nicht auf dem originalen Bild. Dieses so bearbeitete Bild wird in dem Desktop-Fenster dargestellt. Auf diesem Bild wurden die vier Schaltflächen positioniert. Die Eigenschaft "Durchsichtigkeit" der Schaltflächen wurde auf den Wert "0" gesetzt. Deshalb sind die Schaltflächen nicht zu erkennen und es ist nur das Bild des iPod zu sehen.

Für die Wiedergabe der Medien wird die Klasse *MediaElement* benötigt. Diese Klasse befindet sich im Namespace *System.Windows.Controls*. Mit Hilfe von MediaElement kann die gesamte Wiedergabe gesteuert werden. Das heißt, die Klasse enthält Funktionen, mit der die Lautstärke verändert, die Wiedergabe gestartet/pausiert und die Wiedergabe neu gestartet wird. (vgl. [69])

3.4 Beispielprogramm für die Kombination mit Delphi-Programmen

Ein Beispielprogramm für die Kombination von Delphi- und WPF-Projekten konnte nicht erstellt werden. Mit Microsofts Entwicklerwerkzeug Visual Studio 2005 war es nicht möglich ein Programm zu schreiben, dass in Delphi-Projekte integriert werden konnte.

Nachdem Microsoft das neue Entwicklerwerkzeug Visual Studio 2008 veröffentlichte, wurde der Test erneut durchgeführt. Diesmal war es möglich ein WPF-Projekt in Delphi zu registrieren und zu importieren. Ab diesem Punkt verhält sich eine .NET 3.5-Bibliothek wie eine .NET 2.0-Bibliothek.

3.5 Kurzanleitung für die Verwendung von WPF

Der prinzipielle Arbeitsablauf bei der Gestaltung von GUIs sah bisher folgendermaßen aus. Ein Designer gestaltet eine Programmoberfläche mit einem speziellen Designer-Programm. Diese so gestaltete Oberfläche muss im nächsten Schritt von einem Programmierer in einer Programmiersprache umgesetzt werden. Dabei ist es nicht immer möglich genau das Design zu reproduzieren, welches der Designer ursprünglich entworfen hatte. Sollen Änderungen vorgenommen werden, so kann diese nur der Programmierer vornehmen.

Diese Vorgehensweise kann auch mit der Windows Presentation Foundation beibehalten werden. Komfortabler und besser ist es jedoch die neuen Möglichkeiten von WPF zu nutzen. WPF ermöglicht es, die Gestaltung der Oberfläche unabhängig vom Quellcode durchzuführen. Der neue Arbeitsablauf könnte folgendermaßen aussehen: Der Designer und der Programmier besprechen welche Funktionen ein Programm haben soll, wie Steuerelemente benannt werden sollen und welche Aktionen ausgeführt werden sollen, wenn ein bestimmtes Steuerelement aktiviert wird. Anschließend arbeiten Designer und Programmierer getrennt. Der Designer gestaltet die Oberfläche mit einem für WPF geeigneten Designer-Programm. Der Programmierer erstellt die Logik des Programms.

Der Vorteil der Trennung von Code und Layout ist die gute Wartungsmöglichkeit der einzelnen Teile. So können Veränderungen an einem Teil durchgeführt werden, ohne den anderen Teil zu beeinflussen. Beispielsweise können für ein Softwareprogramm mehrere Oberflächen gestaltet werden, ohne die Programmlogik zu verändern. Für die Wartung eines Softwareprogramms ist der Programmierer auch nicht mehr allein verantwortlich. Der Designer kann nun effektiv in den Wartungsprozess einbezogen werden.

Dieses Konzept ermöglicht es, dass Designer und Programmierer gleichzeitig an einem Projekt arbeiten können. Dies hilft Zeit und damit Kosten zu sparen.

Zur Erstellung der Programmlogik bietet sich das Visual Studio 2005/2008 von Microsoft an. Es ist ein mächtiges Werkzeug und bietet viele nützliche Funktionen an. Für die Gestaltung der Oberfläche sollte Microsofts Expression Blend verwendet werden. Es nutzt die gleiche Projektdatei wie das Visual Studio, wodurch Layout und Logik sehr einfach miteinander kombiniert werden können. Zudem können Designer-Programme von Drittanbietern noch nicht mit Expression Blend konkurrieren. Als Beispiel hierfür kann der Aurora XAML Designer der Firma *Mobiform Software Inc* angeführt werden. Dieses Programm bietet zwar in etwa den gleichen Funktionsumfang wie Expression Blend, doch häufige Programmabstürze, die geringere Geschwindigkeit und die Inkompatibilität zu in Expression Blend und Visual Studio erstellten komplexen Oberflächen disqualifizieren derzeit es als geeignetes Designer-

Werkzeug. (vgl. [39]) Möglicherweise ändert sich dies in einer der nächsten Versionen.

4 Zusammenfassung

Bei der Softwareentwicklung wird ein großer Wert auf Kontinuität gelegt. Wurde eine Entscheidung für eine bestimmte Technologie getroffen, ist kein schneller Wechsel auf eine andere Technologie möglich. Einmal verwendete Konzepte müssen oftmals jahre- oder sogar jahrzehntelang weitergeführt werden. Soll dennoch ein Wechsel auf eine andere Technologie durchgeführt werden, so muss vorher eine genaue konzeptionelle Untersuchung erfolgen, denn es ist essentiell, dass eine neue Technologie die notwendigen Voraussetzungen erfüllt.

Im Rahmen dieser Semesterarbeit wurde eine solche konzeptionelle Untersuchung durchgeführt. Die zu untersuchende Technologie war in diesem Fall die Windows Presentation Foundation (WPF) der Firma Microsoft. Die WPF ist eine Klassenbibliothek, für die Gestaltung grafischer Benutzeroberflächen. Für diesen Einsatzzweck bietet die WPF einige innovative Neuerungen. Beispielsweise können mit dieser Technologie der Code und das Layout getrennt voneinander erstellt und bearbeitet werden. Dadurch wird der Designer besser in den Arbeitsprozess eingebunden und die Wartbarkeit des Codes wird vereinfacht.

Bei der Auswahl an Steuerelementen kann die WPF derzeit nicht mit den traditionellen Technologien konkurrieren. Dieser Nachteil kann dadurch kompensiert werden, dass die WPF mit einigen traditionellen Technologien kombiniert werden kann. So ist es unter anderem möglich Windows.Forms-, DirectX- oder ActiveX-Komponenten in WPF-Projekte zu integrieren.

Die Grafikausgabe erfolgt in WPF, im Gegensatz zu Windows.Forms oder ähnlichen Technologien für Windows, nicht über GDI beziehungsweise GDI+. Die Windows Presentation Foundation setzt auf DirectX auf und bietet daher volle Hardwarebeschleunigung. Ebenso können dadurch neue Effekte bei der Gestaltung von grafischen Oberflächen realisiert werden.

Obwohl die WPF auf DirectX aufsetzt, kann sie nicht mit dessen Effektivität und Geschwindigkeit konkurrieren, wenn es um die Ver- und Bearbeitung von komplexen grafischen Szenen geht. Dies ist unter anderem in Computerspielen und Simulationen der Fall. Für diese Art der Anwendung wurde die Windows Presentation Foundation nicht konzipiert.

Die Bedeutung einer anspruchsvollen und optisch ansprechenden Programmoberfläche steigt stetig an. Traditionelle Technologien, wie beispielsweise die Windows.Forms-Bibliothek, scheinen diesem Trend nicht gewachsen zu sein. Die WPF bietet daher eine gute Alternative, leidet jedoch noch etwas an Kinderkrankheiten. Bei der Erstellung von einfachen grafischen Oberflächen wird sie die traditionellen Technologien nicht so schnell verdrängen können, denn dafür sind diese besser geeignet. Als Grundregel könnte gelten: Je komplexer und anspruchsvoller eine Benutzeroberfläche gestaltet werden soll, desto eher sollte auf die Windows Presentation Foundation zurückgegriffen werden. In Bereichen, in denen es um hochgradig rechenintensive Grafikoperationen geht, sollte vom Einsatz der WPF abgesehen werden. DirectX oder OpenGL sind in solchen Fällen zu bevorzugen.

Literaturverweise

1   http://de.wikipedia.org/wiki/GUI, zuletzt aufgerufen am 17.03.2008

2   http://msdn2.microsoft.com/de-de/library/aa479861.aspx, zuletzt aufgerufen am 17.03.2008

3   http://iis.uni-kob-lenz.de/SS2007/Prosem2007/Ausarbeitungen/Proseminar2007Vortrag01_NET%20Framework%20-%20WPF%20-%20XAML.pdf, zuletzt aufgerufen am 17.03.2008

4   http://www.gowinfx.de/WPF%20Tutorial/kap1.html, zuletzt aufgerufen am 17.03.2008

5   http://de.wikipedia.org/wiki/Windows_Presentation_Foundation, zuletzt aufgerufen am 17.03.2008

6   http://de.wikipedia.org/wiki/Hardwarebeschleunigung, zuletzt aufgerufen am 17.03.2008

7   Schwichtenberg, Holger: Handhabungssache, Windows Presentation Foundation in .NET 3.0, in: ix Magazin, ix Special, 2007, 2, Februar, S. 60-64

8   http://de.wikipedia.org/wiki/Vektorgrafik, zuletzt aufgerufen am 17.03.2008

9   http://de.wikipedia.org/wiki/Silverlight, zuletzt aufgerufen am 17.03.2008

10   http://de.wikipedia.org/wiki/GDI%2B, zuletzt aufgerufen am 17.03.2008

11   http://de.wikipedia.org/wiki/ARGB, zuletzt aufgerufen am 17.03.2008

12   http://de.wikipedia.org/wiki/DirectX, zuletzt aufgerufen am 17.03.2008

13   http://de.wikipedia.org/wiki/.NET, zuletzt aufgerufen am 17.03.2008

14   http://de.wikipedia.org/wiki/Component_Object_Model, zuletzt aufgerufen am 17.03.2008

15   http://www.codecomplete.de/blogs/xamlblog/archive/2007/04/19/wpf-und-directx.aspx, zuletzt aufgerufen am 17.03.2008

16   http://de.wikipedia.org/wiki/OpenGL, zuletzt aufgerufen am 17.03.2008

17   http://www.mweissmann.de/downloads/Direct3D_vs._OpenGL.pdf, zuletzt aufgerufen am 17.03.2008

18   http://wiki.delphigl.com/index.php/OpenGL, zuletzt aufgerufen am 17.03.2008

19   http://de.wikipedia.org/wiki/Win32_API, zuletzt aufgerufen am 17.03.2008

20 http://www.contentmanager.de/magazin/artikel_274_net_konzepte.html, zuletzt aufgerufen am 17.03.2008

21 http://www.deinmeister.de/w32asm3.htm, zuletzt aufgerufen am 17.03.2008

22 http://de.wikipedia.org/wiki/Codegear, zuletzt aufgerufen am 17.03.2008

23 http://www.studentprogram.de/Oldenburg/Downloads/UniOL/Windows%20Vista.ppt, zuletzt aufgerufen am 17.03.2008

24 http://www.vbgamer.de/cgi-bin/loadframe.pl?ID=dotnet/tutorial/tutorial002.shtml, zuletzt aufgerufen am 17.03.2008

25 http://wiki.delphigl.com/index.php/WhyOpenGL, zuletzt aufgerufen am 17.03.2008

26 http://www.trivadis.com/Images/070407_dotnet_DerGenerationenkonflikt_tcm16-16177.pdf, zuletzt aufgerufen am 17.03.2008

27 http://msdn2.microsoft.com/de-de/library/ms750559.aspx, zuletzt aufgerufen am 17.03.2008

28 http://msdn2.microsoft.com/de-de/library/ms748873.aspx, zuletzt aufgerufen am 17.03.2008

29 http://msdn2.microsoft.com/de-de/library/system.windows.shapes.shape.aspx, zuletzt aufgerufen am 17.03.2008

30 http://msdn2.microsoft.com/de-de/library/system.windows.media.geometry.aspx, zuletzt aufgerufen am 17.03.2008

31 http://msdn2.microsoft.com/de-de/library/system.windows.media.drawinggroup.aspx, zuletzt aufgerufen am 17.03.2008

32 http://msdn2.microsoft.com/de-de/library/system.windows.media.geometrygroup.aspx, zuletzt aufgerufen am 17.03.2008

33 http://blogs.msdn.com/pantal/archive/2007/03/29/premiere-post-wpf-direct3d-interop.aspx, zuletzt aufgerufen am 17.03.2008

34 http://www.codeproject.com/KB/WPF/WPFOpenGL.aspx, zuletzt aufgerufen am 17.03.2008

35 http://msdn2.microsoft.com/de-de/library/ms748248.aspx, zuletzt aufgerufen am 17.03.2008

36   http://de.wikipedia.org/wiki/Microsoft_Visual_Studio, zuletzt aufgerufen am 17.03.2008

37   http://www.softpedia.com/progScreenshots/Microsoft-Expression-Blend-Screenshot-58549.html, zuletzt aufgerufen am 17.03.2008

38   http://www.mobiform.com/products/Aurora/aurora.htm, zuletzt aufgerufen am 17.03.2008

39   http://www.codecomplete.de/blogs/xamlblog/archive/2007/08/21/aurora-xaml-designer-schnelltest.aspx, zuletzt aufgerufen am 17.03.2008

40   http://www.kaxaml.com/, zuletzt aufgerufen am 17.03.2008

41   http://entwickler.de/itr/news/psecom,id,40409,nodeid,68.html, zuletzt aufgerufen am 17.03.2008

42   http://blog.totallydotnet.com/Default.aspx?tabid=72&EntryID=34, zuletzt aufgerufen am 17.03.2008

43   http://www.gowinfx.de/WPF%20Tutorial/kap3.html, zuletzt aufgerufen am 17.03.2008

44   http://zfs.in.tum.de/resources/GetResource.aspx?type=file&ID=5c15ee62-71fa-449f-981d-09fe34b71ecb, zuletzt aufgerufen am 17.03.2008

45   http://msdn2.microsoft.com/en-us/windowsvista/bb188202.aspx, zuletzt aufgerufen am 17.03.2008

46   http://therhogue.com/WinFX/, zuletzt aufgerufen am 17.03.2008

47   http://msdn2.microsoft.com/en-us/library/ms742418.aspx, zuletzt aufgerufen am 17.03.2008

48   http://www.computerzeitung.de/themen/infrastruktur/peripherie/article.html?thes=9790,9791,9792&art=/articles/2007026/31082659_ha_CZ.html, zuletzt aufgerufen am 17.03.2008

49   http://de.wikipedia.org/wiki/XML_Paper_Specification, zuletzt aufgerufen am 17.03.2008

50   http://msdn2.microsoft.com/de-de/library/ms742418.aspx, zuletzt aufgerufen am 17.03.2008

51   http://de.wikipedia.org/wiki/Lokalisierung_%28Softwareentwicklung%29, zuletzt aufgerufen am 17.03.2008

52   http://msdn2.microsoft.com/de-de/library/ms788718.aspx#workflow_to_localize, zuletzt aufgerufen am 17.03.2008

53   http://www.passolo.de/files/WhatsNewDe.pdf,   zuletzt   aufgerufen   am
     17.03.2008

54   http://www.macrovision.com/webdocuments/PDF/ds_installshield_2008
     _de.pdf, zuletzt aufgerufen am 17.03.2008

55   http://de.wikipedia.org/wiki/Qt_(Bibliothek), zuletzt aufgerufen am 17.03.2008

56   http://www.linux-knowledge-
     portal.org/de/content.php?&content/programming/qt.html#pros,   zuletzt   aufge-
     rufen am 17.03.2008

57   http://de.wikipedia.org/wiki/WxWidgets, zuletzt aufgerufen am 17.03.2008

58   http://www.wxwidgets.org/about/feedback.htm,   zuletzt   aufgerufen   am
     17.03.2008

59   http://de.wikipedia.org/wiki/FLTK, zuletzt aufgerufen am 17.03.2008

60   http://msdn2.microsoft.com/de-de/library/ms742735.aspx,   zuletzt   aufgerufen
     am 17.03.2008

61   http://wiki.computerwoche.de/doku.php/programmierung/visual-studio#wpf-
     designer, zuletzt aufgerufen am 17.03.2008

62   http://msdn2.microsoft.com/de-de/library/bb613588.aspx,   zuletzt   aufgerufen
     am 17.03.2008

63   http://dn.codegear.com/de/article/36620, zuletzt aufgerufen am 17.03.2008

64   http://dn.codegear.com/de/article/36962, zuletzt aufgerufen am 17.03.2008

65   http://msdn2.microsoft.com/de-
     de/library/system.windows.media.media3d.meshgeometry3d.aspx,   zuletzt
     aufgerufen am 17.03.2008

66   http://msdn2.microsoft.com/de-
     de/library/system.windows.controls.viewport3d.aspx,   zuletzt   aufgerufen   am
     17.03.2008

67   http://msdn2.microsoft.com/de-
     de/library/system.windows.media.media3d.model3dgroup.aspx, zuletzt aufge-
     rufen am 17.03.2008

68   http://thewpfblog.com/?cat=2&paged=3, zuletzt aufgerufen am 17.03.2008

69   http://msdn2.microsoft.com/de-
     de/library/system.windows.controls.mediaelement_properties.aspx,   zuletzt
     aufgerufen am 17.03.2008